CELOTNA KUHARSKA KNJIGA ZA ARTIČOKE

100 slastnih receptov v čast osatovega srca

Peter Zupan

Avtorski material ©2024

Vse pravice pridržane

Nobenega dela te knjige ni dovoljeno uporabljati ali prenašati v kakršni koli obliki ali na kakršen koli način brez ustreznega pisnega soglasja založnika in lastnika avtorskih pravic, razen kratkih citatov, uporabljenih v recenziji. Ta knjiga se ne sme obravnavati kot nadomestilo za zdravniški, pravni ali drug strokovni nasvet.

KAZALO

KAZALO **3**
UVOD **6**
ZAJTRK **7**
   1. Omleta iz artičok in skute 8
   2. Plasti jajc in artičoke 10
   3. Jajca in artičoka Sardou 12
   4. Harissa-dušene artičoke na toastu 14
   5. Pražene artičoke, krompir in jajca 16
   6. Enolončnica za zajtrk s špinačo in artičokami 18
ZAGODNIKI **21**
   7. Kvadrati artičok 22
   8. V pečici pečeni hrustljavi srčki iz parmezana in artičoke 24
   9. Srčki artičoke s čičeriko 26
   10. Brioši iz artičoke in pesta 28
   11. Tople skodelice špinače in artičok 30
   12. Srčki artičoke in pršut 32
   13. Pomaka iz špinače in artičok s crostinijem ali pito 34
   14. Pomaka iz posušenih paradižnikov in artičok 36
   15. Salama in artičoka Crostini 38
   16. Zvitki z zrezki iz špinače in artičoke 40
   17. Pesto iz sirastih artičok 42
   18. Ocvrtki iz artičok 44
   19. Pečena pomaka iz špinače in artičoke 46
   20. Dip iz artičok 48
   21. Kremna pomaka iz artičoke 50
   22. Nabodala iz predpasti 52
   23. Piščančje testenine z oreščki 54
   24. Artičoke z omako iz kopra 56
DESKE ZA MESTORE **58**
   25. Španska tapas deska 59
   26. Deska za predjed iz predjedi 61
   27. Italijanske predpasti Platte r 63
SENDVIČI IN ZAVITKI **65**
   28. Sendvič za zajtrk s špinačo in artičokami 66
   29. Odprti sendvič s špinačo in artičokami 68
   30. Sicilijanski cvrt sir s kaprami in artičokami 70
   31. Seattle piščančji sendvič 72
   32. Sir na žaru z artičokami 74
GLAVNA JED **76**
   33. Rižota z artičokami 77

34. Artičoke in parmezan En Route ... 80
35. Torta iz artičoke ... 82
36. Paella v mehiškem slogu ... 84
37. Torta s polento z gobami in artičokami ... 86
38. Italijanska pita z artičokami ... 89
39. V ponvi popečen seitan z artičokami in olivami ... 91
40. Italijanska rižota z artičokami Truck-Stop ... 93
41. Stracchino z artičokami, limono in olivami ... 95
42. Naložena sredozemska polenta ... 98

PIZZA ... 100
43. Špinačna artičoka pica ... 101
44. Ar tičoke in oljčna pica ... 103
45. Pita pice s posušenimi paradižniki ... 105
46. Artičoka pesto pica ... 107
47. Pizza štirje letni časi/Quattro Stagioni ... 109
48. Pita pica z artičokami in pršutom ... 111

TESTENINE ... 113
49. Party testenine s pršutom ... 114
50. Peka z makom in sirom iz špinače in artičoke ... 116
51. Ravioli iz artičok in orehov ... 118
52. Penne Paella s špinačo in artičokami ... 121
53. Agnolotti z omako iz artičok ... 123
54. Bow-Tie testenine z jastogom in artičokami ... 125
55. Lazanja s tuno in artičokami ... 127
56. Lazanja s špinačo in artičokami ... 129
57. Njoki z gobami in artičokami ... 131
58. Gratinirane testenine s provansalsko zelenjavo ... 133
59. Španska čičerika in testenine ... 135

JUHE ... 137
60. Kremna juha iz artičok ... 138
61. Juha z limonino artičoko ... 140
62. Pikantna juha iz artičok ... 142
63. Zeliščna juha iz artičok ... 144
64. Mediteranska artičoka in paradižnikova juha ... 146
65. Artičoke in krompirjeva juha ... 148
66. Juha iz špinače in artičok ... 150
67. Juha iz pečene rdeče paprike in artičok ... 152
68. Juha s kokosovim curryjem in artičokami ... 154
69. Juha iz artičok in belega fižola ... 156
70. Juha iz artičok in pora ... 158
71. Kremna juha iz artičok in sušenih paradižnikov ... 160

SOLATE ... 162
72. Solata iz artičok in zrele oljčne tune ... 163
73. Italijanska solatna skleda za predpasti ... 165

74. Polnjena solata Nicoise	167
75. Solata z antipasto	169
76. Rižota riževa solata z artičokami, grahom in tuno	171
77. Testenine iz koprive s parmezanom	173
78. Solata iz rdečih krompirjevih špargljev in artičok	175
79. Solata s popečenimi srčki iz artičoke	177

STRANI 179

80. Pečeno srce palme in artičoke	180
81. Zdrobljene artičoke z aiolijem iz limone in kopra	182
82. Srčki artičoke s šunko	184
83. Srčki artičoke v belem vinu, česnu	186
84. Artičokini srčki pečeni s kozjim sirom	188
85. Artičoke kuhane na pari	190

SLADICA 192

86. Srčki kandirane artičoke	193
87. Torta iz artičok in mandljev	195
88. Torta iz artičok in limone	197
89. Kremna pita s špageti iz sladkega krompirja	199

ZAČIMBE 201

90. Pesto iz artičok	202
91. Tapenada iz artičok	204
92. Okus iz artičok in suhih paradižnikov	206
93. Kremasti aioli iz artičoke	208
94. Chimichurri iz artičoke	210

PIJAČE 212

95. Voda iz artičok	213
96. Artičoka Negroni	215
97. Artičoka Manhattan	217
98. Zeleni čaj iz artičoke in pandana	219
99. Domači Cynar	221
100. Zadrževanje artičoke	223

ZAKLJUČEK 225

UVOD

Dobrodošli v "CELOTNA KUHARSKA KNJIGA ZA ARTIČOKE", kulinaričnem popotovanju, ki slavi osrčje osata. V trdih zunanjih listih te skromne zelenjave se nahaja zakladnica okusa in vsestranskosti, ki čaka, da jo raziščete. V tej obsežni kuharski knjigi se podajamo na gastronomsko pustolovščino skozi 100 okusnih receptov, od katerih vsak prikazuje edinstven okus in teksturo artičok.

Stoletja so bile artičoke cenjene zaradi njihovega posebnega okusa in kulinarične prilagodljivosti. Od stare Grčije do sodobnih kuhinj po vsem svetu je ta trnasta zelenjava prevzela domišljijo tako kuharjev kot domačih kuharjev ter navdihnila nešteto jedi, ki segajo od preprostih predjedi do gurmanskih mojstrovin.

Toda kaj ločuje artičoke od druge zelenjave? To je način, na katerega vabi k ustvarjalnosti in eksperimentiranju v kuhinji, njegova sposobnost harmoničnega združevanja s široko paleto sestavin in njegova nesporna privlačnost tako kot osrednji del jedi kot kot okusen poudarek. Ne glede na to, ali so pražene, kuhane na pari, na žaru ali dušene, artičoke ponujajo neskončne možnosti za kulinarično raziskovanje.

V tej kuharski knjigi se bomo potopili globoko v svet artičok, raziskali njihovo bogato zgodovino, prehranske prednosti in uporabo v kulinariki. Naučili se bomo samozavestno izbrati, pripraviti in skuhati artičoke ter tako sprostiti njihov polni potencial v vsaki jedi. In kar je najpomembnejše, slavili bomo osatovo srce v vsej njegovi slastni veličini, recept za receptom.

Torej, ne glede na to, ali ste izkušen ljubitelj artičok ali novinec v svetu bodike, vas "CELOTNA KUHARSKA KNJIGA ZA ARTIČOKE" vabi, da se nam pridružite na kulinarični pustolovščini, kakršne še ni bilo. Od predjedi do predjedi, solate do juhe in vsega vmes, skupaj odkrijmo neskončne možnosti te izjemne zelenjave.

ZAJTRK

1.Omleta iz artičok in skute

SESTAVINE:
- 3 velika jajca
- ¼ skodelice skute
- ¼ skodelice narezanih redkvic
- ¼ skodelice sesekljanih srčkov artičoke (v pločevinkah ali mariniranih)
- 2 žlici sesekljanih svežih zelišč (kot so peteršilj, drobnjak ali bazilika)
- Sol in poper po okusu
- 1 žlica olivnega olja

NAVODILA:
a) V skledi stepamo jajca, dokler niso dobro stepena. Začinimo s soljo in poprom.
b) V ponvi proti prijemanju na srednjem ognju segrejte olivno olje.
c) Dodamo narezane redkvice in jih pražimo približno 2-3 minute, da se rahlo zmehčajo.
d) V ponev dodajte sesekljana srca artičok in jih pražite še 1-2 minuti, dokler se ne segrejejo.
e) Stepena jajca vlijemo v ponev in pazimo, da enakomerno prekrijejo zelenjavo.
f) Pustite, da se jajca nemoteno kuhajo nekaj minut, dokler se dno ne strdi.
g) Z lopatko nežno dvignite robove omlete in nagnite ponev, da morebitno nekuhano jajce steče na robove.
h) Na polovico omlete z žlico naložimo skuto.
i) Po skuti potresemo sesekljana zelišča.
j) Drugo polovico omlete prepognemo čez skutno stran.
k) Nadaljujte s kuhanjem še eno minuto oziroma dokler ni omleta pečena do želene stopnje pečenosti.
l) Omleto zložimo na krožnik in jo po želji prerežemo na pol.

2. Plasti jajc in artičoke

SESTAVINE:
- 1 žlica ekstra deviškega oljčnega olja
- 1 srednje velika rumena čebula, sesekljana
- 8 unč zamrznjene sesekljane špinače
- ½ skodelice posušenih paradižnikov, odcejenih in grobo narezanih
- 14-unčna pločevinka srčkov artičok, odcejenih in razčetverjenih
- 2 ½ zapakirane skodelice narezane bagete
- Sol in črni poper po okusu
- ⅔ skodelice feta sira, zdrobljenega
- 8 jajc
- 1 skodelica mleka
- 1 skodelica skute
- 2 žlici sesekljane sveže bazilike
- 3 žlice naribanega parmezana

NAVODILA:
a) Pečico segrejte na 350 F.
b) V veliki litoželezni ponvi na srednjem ognju segrejte olivno olje. Dodajte in čebulo pražimo 3 minute ali dokler se ne zmehča.
c) Vmešajte špinačo in kuhajte, dokler se ne odmrzne in ne izpusti večine tekočine izhlapelo. Izklopite toploto.
d) Vmešajte na soncu posušene paradižnike, srčke artičok in bageto, dokler ni dobro razdeljen. Začinite s soljo, črnim poprom in potresite feta sir na vrhu; dati na stran.
e) V srednji skledi stepemo jajca, mleko, skuto in baziliko. Nalijte mešanico čez špinačno mešanico in z žlico nežno potrkajte po jajcu premešajte, da se dobro porazdeli. Po vrhu potresemo parmezan.
f) Prenesite ponev v pečico in pecite 35 do 45 minut ali dokler ne postanejo zlate barve rjavo na vrhu in jajca.
g) Odstranite ponev; narežite plast na kolesca in postrezite toplo.

3.Jajca in artičoka Sardou

SESTAVINE:
ZA HOLANDSKO OMAKO
- 2 velika rumenjaka
- 1 ½ žlice svežega limoninega soka
- 2 palčki nesoljenega masla
- Sol in sveže mlet črni poper po okusu

ZA JAJCA
- 2 (9 unč) vrečki sveže špinače
- 1 žlica olivnega olja
- 1 čajna žlička mletega česna
- 1/3 skodelice težke smetane
- Sol in sveže mlet črni poper po okusu
- 8 sveže kuhanih ali konzerviranih dna artičok
- 2 žlici belega kisa
- 8 jajc

NAVODILA:
a) Za pripravo omake dajte rumenjake in limonin sok v mešalnik. Večkrat premešajte, da premešate.
b) V steklenem vrču v mikrovalovni pečici stopite maslo in pazite, da ne zavre. V jajčno zmes postopoma vlivamo maslo in mešamo, dokler ne nastane zgoščena kremasta omaka. Začinimo s soljo in poprom.
c) Za pripravo jajc pripravite špinačo tako, da jo prepražite na oljčnem olju v ponvi in mešajte, dokler ne oveni in je še svetlo zelena. Primešamo smetano, začinimo s soljo in poprom ter pustimo na toplem.
d) Segrejte dno artičok in jih hranite na toplem.
e) Ponev ali plitek lonec napolnite z 2 ½ palca vode. Dodamo kis in segrejemo na srednje vroče.
f) Eno za drugim razbijte 4 jajca v majhno skodelico in jih nežno vlijte v vodo. Jajca dušimo toliko časa, da narastejo do vrha tekočine, nato jih z žlico obračamo. Kuhajte, dokler se beljak ne strdi, rumenjaki pa so še tekoči. Odstranite z žlico z režami in posušite s papirnatimi brisačami. Ponovite s preostalimi jajci.
g) Na vsakega od 4 krožnikov z žlico razdelite porcijo špinače. Na vsak krožnik na špinačo položite 2 spodnji deli artičok in na vsako artičoko položite jajce.
h) Vse skupaj prelijemo s holandsko omako in takoj postrežemo.

4. Harissa-dušene artičoke na toastu

SESTAVINE:
- 2 pločevinki (vsaka po 14 oz.) srčkov artičok, odcejenih in oplaknjenih
- 1/3 skodelice blage harise
- 1 1/2 žlice temno rjavega sladkorja
- 1 žlica sojine omake
- 1/2 skodelice vode
- 1/2 skodelice zelenjavne osnove
- 3 žlice oljčnega olja
- 1/3 skodelice drobtin
- Majhna pest svežega peteršilja in kopra, grobo sesekljana
- 1/4 skodelice humusa po vaši izbiri
- 2 rezini polnozrnatega kruha

NAVODILA:
a) Začnite tako, da srčke artičok prerežete na pol. Dati na stran.
b) V skledi zmešajte harisso, sladkor, sojino omako, vodo in zelenjavno osnovo. Ne solimo, saj bo slanost iz srčkov artičok zadostovala.
c) Ponev z visokimi stenami segrejte na srednji ogenj in dodajte 1 žlico oljčnega olja. Dodamo krušne drobtine in pražimo nekaj minut do zlato rjave barve. Odstavimo jih in obrišemo ponev.
d) Ponev ponovno pristavimo na srednji ogenj in dodamo preostali 2 žlici olivnega olja. Artičokine srčke pražimo v serijah, dokler obe strani ne postanejo zlato rjave barve, približno 2-3 minute na stran. Ko zoglenijo po vaših željah, dodajte vse srčke artičok v ponev v enakomerni plasti.
e) Prilijemo harissino juho in pustimo vreti. Ponev nekajkrat pretresite in z omako prelijte vsako srce artičoke, da se enakomerno prekrije. Pustite, da počasi vre in med občasnim mešanjem kuhate približno 5-7 minut ali dokler se omaka ne zmanjša za polovico in opazno zgosti.
f) Ponev odstavimo z ognja in po vrhu potresemo drobtine.
g) Popečemo dve rezini kruha, nato pa vsako namažemo z 2 žlicama humusa.
h) Srčke artičok naložite visoko na toast in jih potresite s peteršiljem in kopromn. Postrežemo toplo. V tem toastu je najbolje uživati z nožem in vilicami.
i) Uživajte v tej čudoviti artičoki, kuhani v slogu noža in vilice, na toastu!

5.Pražene artičoke, krompir in jajca

SESTAVINE:
- 6 žlic ekstra deviškega oljčnega olja
- 1 majhna čebula, zelo drobno narezana
- 200 g voskastega krompirja, olupljenega ali neolupljenega, narezanega na rezine
- 200 g konzerviranih srčkov artičok, odcejenih
- 2 stroka česna, zdrobljena
- ¼ žličke čilijevih kosmičev (prilagodite po želji)
- 2-4 jajca (odvisno od apetita)
- 1 žlica sesekljanega ploščatega peteršilja

metoda:

a) V veliki ponvi na srednjem ognju segrejte 4 žlice oljčnega olja.
b) V ponev dodamo na drobno narezano čebulo in rezine krompirja.
c) Pražimo 12-15 minut oziroma toliko časa, da se krompir zmehča in zlate barve.
d) V ponev dodamo odcejene srčke artičok, strt česen, čilijeve kosmiče in začimbe.
e) Med občasnim mešanjem kuhajte še 2 minuti.
f) V drugi ponvi segrejte preostalo olivno olje.
g) Jajca pražimo do želene pečenosti, pri čemer pazimo, da rumenjake prelijemo z vročim oljem, da se lažje skuhajo.
h) V krompir in artičoke vmešamo sesekljan peteršilj in po potrebi začinimo.
i) Postrezite dušene artičoke in krompir z ocvrtimi jajci na vrhu.

6.Enolončnica za zajtrk s špinačo in artičokami

SESTAVINE:
- 8-10 rezin slanine brez nitratov
- 2 srednje velika sladka krompirja, olupljena in narezana na tanke kolobarje
- 1 srednja čebula, sesekljana
- 3-4 stroki česna, drobno sesekljani
- Morska sol, po okusu (za zelenjavo)
- 10 oz sveže mlade špinače, sesekljane
- 14 oz lahko srčke artičok, odcejene in narezane
- 12 velikih jajc, pašne reje
- 1/2 skodelice kokosovega mleka, polnomastnega (iz pločevinke)
- 3 žlice hranljivega kvasa (po želji, za okus)
- 1/2 žličke morske soli
- 1/4 žličke črnega popra
- 1/4 žličke čebule v prahu (neobvezno)

NAVODILA:
a) Pečico segrejte na 400 °F in namastite pekač velikosti 9x13" s kokosovim oljem.
b) Kroglice sladkega krompirja pretresite z izbrano kuhinjsko maščobo in morsko soljo po okusu ter jih razporedite (prekrivajoč, ker se bodo po praženju skrčili) po dnu pekača in po želji ob straneh.
c) Pekač s sladkim krompirjem postavimo v ogreto pečico in pražimo, dokler se ne zmehča in začne svetlo rjaveti, približno 25-30 minut.
d) Medtem segrejte veliko ponev na srednje močnem ognju in dodajte rezine slanine. Kuhajte do hrustljavosti, po potrebi cvrite v serijah. Odcedimo na papirnatih brisačah. Zavrzite (ali shranite za drugo uporabo) vse razen 1 žlice topljene slanine.
e) Ogenj nastavite na srednje in v ponev dodajte čebulo. Kuhajte, dokler ne postekleni, nato dodajte česen in kuhajte še 30 sekund.
f) Dodamo vso špinačo in potresemo z morsko soljo. Pustite, da oveni, nato dodajte sesekljane srčke artičok in med mešanjem kuhajte, da se segrejejo. Odstranite z ognja.
g) V veliki skledi ali merilni skodelici zmešajte jajca, kokosovo mleko, sol, poper, čebulo v prahu in prehranski kvas (če ga uporabljate), dokler ni zelo gladko.

h) Za sestavljanje enolončnice razporedite mešanico špinače in artičok po kuhani skorji sladkega krompirja, pri čemer pustite odvečno vodo v ponvi. Na zelenjavo nadrobite slanino, nato pa po vrhu enakomerno prelijte jajčno mešanico.
i) Pecite v predhodno ogreti pečici 22-25 minut oziroma dokler se jajčna mešanica ne strdi na sredini in začne napihovati. Izogibajte se prekuhavanju ali pustite, da porjavi.
j) Pustite enolončnico stati 10 minut, preden jo narežete in postrežete. Lahko ga tudi ohladite ali zamrznete, da ga pozneje ponovno segrejete. Uživajte!

ZAGODNIKI

7.Kvadrati artičok

SESTAVINE:
- 2 (6 unč) kozarca srčkov artičoke (mariniranih)
- 2 žlici olivnega olja
- 1 manjša rumena čebula, drobno sesekljana
- 1 strok česna, sesekljan
- 4 jajca
- 1/4 skodelice kruhovih drobtin brez glutena (ali običajnih, če niste na dieti brez glutena)
- 1/8 čajne žličke črnega popra
- 1/8 čajne žličke posušenega origana
- 1/8 čajne žličke omake s pekočo rdečo papriko po želji
- 8 unč (2 skodelici) sira (tukaj uporabljena kombinacija čedarja in švicarskega sira)

NAVODILA:
a) Pečico segrejte na 350 stopinj F (175 stopinj C).
b) Srčka artičok odcedimo in drobno nasekljamo. Če uporabljate srčke artičok, vložene v olju, rezervirajte 2 žlici olja.
c) V majhni ponvi na zmernem ognju segrejte 2 žlici prihranjenega olja ali 2 žlici olivnega olja. Dodajte sesekljano čebulo in česen ter med pogostim mešanjem kuhajte do mehkega približno 5 minut. Dodamo sesekljane srčke artičok in pražimo s čebulo in česnom še eno minuto. Odstranite z ognja in pustite, da se ohladi približno 5 minut.
d) V srednji skledi stepite jajca, dokler niso penasta. Vmešajte krušne drobtine, črni poper, posušen origano, omako iz pekoče rdeče paprike (če uporabljate), sir in mešanico prepraženih artičok, čebule in česna. Zmes vlijemo v pomaščen pekač velikosti 9x9 cm.
e) Pečemo 30 minut ali dokler rahlo ne porjavi.
f) Pustite, da se ohladi 10 minut, nato pa razrežite na 9 3-palčnih kvadratov, če služite kot glavna jed, ali 27 1-palčnih kvadratov, če služite kot predjed.
g) Shranjujte tesno pokrito in v hladilniku do 3 dni.
h) Uživajte v teh okusnih in vsestranskih kvadratih artičoke!

8. V pečici pečeni hrustljavi srčki iz parmezana in artičoke

SESTAVINE:
- 2 pločevinki (po 14 unč) srčkov artičoke, odcejenih in posušenih
- 2 jajci, pretepeni
- 1/2 skodelice panko ali navadnih krušnih drobtin
- 1/2 skodelice parmezana, drobno naribanega
- 1 čajna žlička čebule v prahu
- 1 žlica italijanske začimbe
- 1 čajna žlička morske soli
- 1 čajna žlička črnega popra
- Marinara omaka za namakanje

NAVODILA:
a) Pečico segrejte na 425 °F (220 °C).
b) Pekač obložite s pergamentnim papirjem in ga poškropite s pršilom za kuhanje, da se peki papir prijeje.
c) Artičokine srčke odcedimo in osušimo s papirnato brisačo. Postavite jih na stran.
d) V skledi stepemo stepena jajca. V ločeni skledi zmešajte drobtine, parmezan, čebulo v prahu, italijanske začimbe, sol in poper.
e) Eno za drugo srčke artičoke potopite v jajčno mešanico, nato pa jih temeljito premažite z mešanico krušnih drobtin. Obloženo srce artičoke položite na pripravljen pekač. Ponavljajte, dokler niso obložena vsa srca artičok.
f) Če uporabljate pečico: srčke artičok pecite 18-20 minut, na polovici časa pečenja jih obrnite, da zagotovite enakomerno hrustljavost.
g) Postrezite hrustljave srčke artičoke s parmezanom z omako marinara za pomakanje.
h) Uživajte v teh okusnih hrustljavih srčkih artičoke kot čudoviti predjedi ali prigrizku!

9.Srčki artičoke s čičeriko

SESTAVINE:
- 4 velika ali 8 manjših src artičoke
- 1 čebula, narezana na polmesece
- 1 korenček, olupljen in narezan na kocke
- 1 skodelica kuhane čičerike
- Sok 1 limone
- 4-5 žlic oljčnega olja
- 2 skodelici vode
- 1 čajna žlička sladkorja
- 1 čajna žlička soli
- 1 čajna žlička moke
- Sesekljan peteršilj za okras

NAVODILA:
a) V loncu s širokim dnom na zmernem ognju segrejte olivno olje. Dodamo sesekljano čebulo in jo pražimo, dokler ne postekleni.
b) V lonec dodamo na kocke narezano korenje in kuhamo še toliko časa, da se začne mehčati.
c) V lonec razporedite srčke artičok.
d) V skledi zmešajte moko, sol, sladkor, limonin sok in 2 skodelici vode, da ustvarite mešanico.
e) Mešanico vlijemo v lonec čez artičoke.
f) Zaprite pokrov in kuhajte na majhnem ognju, dokler se artičoke ne zmehčajo. Če se voda med kuhanjem preveč zmanjša, lahko po potrebi dolijete 1 skodelico vrele vode.
g) Ko se artičoke zmehčajo, v lonec dodamo kuhano čičeriko in kuhamo še nekaj minut.
h) Odstavite z ognja in pustite, da se nekoliko ohladi.
i) Artičokine srčke napolnimo z mešanico čičerike, korenja in čebule. Napolnjene artičoke prelijemo s tekočino od kuhanja.
j) Pred serviranjem okrasite s sesekljanim peteršiljem.

10. Brioši iz artičoke in pesta

SESTAVINE:
- 4 skodelice moke za kruh
- ⅓ skodelice sladkorja
- 1 čajna žlička soli
- 1 zavitek instant kvasa
- 1 skodelica tople vode
- 3 velika jajca
- ½ skodelice nesoljenega masla, stopljenega
- 1 skodelica mariniranih srčkov artičok, sesekljanih
- ¼ skodelice pesto omake

NAVODILA:
a) Kvas raztopite v topli vodi in pustite stati 5 minut.
b) Zmešajte moko, sladkor in sol. Dodamo mešanico kvasa, jajca in stopljeno maslo. Gnetemo do gladkega.
c) Nežno vmešajte sesekljana marinirana srca artičok in pesto omako.
d) Pustite vzhajati, razvaljajte testo, enakomerno razporedite pesto in artičoke, nato pa zvijte v klado.
e) Narežemo na kolesca, položimo na pekač in pustimo, da ponovno vzhaja.
f) Pečemo pri 350°F (175°C) 20-25 minut.

11. Tople skodelice špinače in artičok

SESTAVINE:
- 24 ovojev Wonton
- 1 pločevinka (14 oz.) srčkov artičok, odcejenih, drobno narezanih
- 1 skodelica KRAFT naribanega sira mozzarella
- 1 pakiranje. (10 oz.) zamrznjene sesekljane špinače, odmrznjene, ožete do suhega
- 1/3 skodelice majoneze KRAFT majoneza z manj maščobami z oljčnim oljem
- 1/3 skodelice KRAFT naribanega parmezana
- 1/4 skodelice drobno sesekljane rdeče paprike
- 2 stroka česna, nasekljana

NAVODILA:
a) Pečico SEGREJTE na 350
b) POLOŽITE 1 ovoj Wonton v vsakega od 24 skodelic za mini mafine, poškropljenih s pršilom za kuhanje, tako da robovi ovoja segajo čez vrh skodelice. Pečemo 5 min. Medtem zmešajte preostale sestavine.
c) ŽLICO mešanice artičok v skodelice Wonton.
d) PEČEMO 12 do 14 min. ali dokler se nadev ne segreje in robovi skodelic niso zlato rjavi.

12. Srčki artičoke in pršut

SESTAVINE:
- 14 unč Srčki artičok lahko odcejeni
- ⅓ funtov pršuta, narezan na tanke papirnate rezine
- ¼ skodelice olivnega olja
- ½ čajne žličke posušenega timijana
- ½ čajne žličke drobno naribane pomarančne lupinice
- Sveže mlet poper

NAVODILA:
a) Vsak srček artičoke zavijte v rezino pršuta in ga pritrdite z zobotrebcem.
b) V ločeni skledi zmešajte olivno olje, timijan, pomarančno lupinico in poper.
c) Postrezite pri sobni temperaturi.

13. Pomaka iz špinače in artičok s crostinijem ali pito

SESTAVINE:
- 1 skodelica zamrznjene špinače, odmrznjene in odcejene
- 1 skodelica srčkov artičok v pločevinkah, odcejenih in sesekljanih
- 8 unč kremnega sira, zmehčanega
- 1/2 skodelice kisle smetane
- 1/2 skodelice majoneze
- 1/2 skodelice naribanega parmezana
- 1/2 skodelice naribanega sira mozzarella
- 2 stroka česna, nasekljana
- 1/2 čajne žličke soli
- 1/4 čajne žličke črnega popra
- Bagueta ali pita kruh
- Olivno olje
- Sol

NAVODILA:
a) Pečico segrejte na 350 °F (175 °C).
b) V veliki posodi za mešanje zmešajte odmrznjeno in odcejeno špinačo, sesekljane srčke artičok, kremni sir, kislo smetano, majonezo, parmezan, sir mocarela, mlet česen, sol in črni poper. Dobro premešajte, dokler niso vse sestavine enakomerne.
c) Zmes preložimo v pekač in jo enakomerno razporedimo.
d) Pečemo v predhodno ogreti pečici približno 20-25 minut oziroma dokler pomak ni vroč in mehurčkast.
e) Medtem ko se pomaka peče, pripravite krostini ali pita čips. Za crostini narežite bageto na tanke rezine. Rezine premažite z olivnim oljem in potresite s soljo. Položite jih na pekač in pecite v pečici približno 10 minut oziroma dokler niso zlato rjave in hrustljave.
f) Za pita čips pita kruh narežite na kolesca, jih premažite z oljčnim oljem in potresite s soljo. Pečemo jih v pečici približno 10-12 minut oziroma dokler ne postanejo hrustljavi.
g) Pomak s špinačo in artičokami vzamemo iz pečice in pustimo, da se ohladi nekaj minut.
h) Pomako postrezite toplo s pripravljenim krostinijem ali pita čipsom.

14. Pomaka iz posušenih paradižnikov in artičok

SESTAVINE:
- 1 skodelica posušenih paradižnikov, pakiranih v olju
- 1 pločevinka srčkov artičok, odcejenih in sesekljanih
- 1 skodelica kremnega sira, zmehčanega
- ½ skodelice majoneze
- ½ skodelice kisle smetane
- ½ skodelice parmezana, naribanega
- 2 stroka česna, nasekljana
- Sol in poper po okusu

NAVODILA:
a) Pečico segrejte na 375 °F (190 °C).
b) Posušene paradižnike odcedimo in narežemo na majhne koščke.
c) V veliki skledi zmešajte sušene paradižnike, srčke artičok, kremni sir, majonezo, kislo smetano, parmezan, česen, sol in poper.
d) Mešanico prenesite v pekač in pecite 20-25 minut ali dokler ni vroča in mehurčkasta.
e) Postrezite s krekerji, kruhom ali zelenjavo za namakanje.

15. Salama in artičoka Crostini

SESTAVINE:
- 1 bageta, narezana na ¼-palčne rezine
- olivno olje
- 2 skodelici sira ricotta
- 10 tankih rezin salame narežemo na četrtine
- 12-unča lahko marinira srčke artičok, sesekljane
- sol in poper po okusu

NAVODILA:
a) Pečico nastavite na 425 stopinj Fahrenheita.
b) Za oblaganje pekača uporabite silikonske podloge za peko ali pergamentni papir.
c) Vsako rezino kruha, preden jo položite na pekač, namažite s tanko plastjo oljčnega olja.
d) Kruh pečemo v pečici približno 5 minut, da se lepo zapeče.
e) Vzamemo iz pečice in popolnoma ohladimo.
f) Vsako rezino kruha namažite s sirom rikota, začinite s soljo in poprom, nato pa na vrh položite salamo in sesekljane srčke artičoke.

16.Zvitki z zrezki iz špinače in artičoke

SESTAVINE:
- 1 funt bočni zrezek
- 15,5 unč lahko srčkov artičoke, odcejenih in sesekljanih
- 2 skodelici mlade špinače, sesekljane
- 2 stroka česna, nasekljana
- 1 skodelica rikote
- ½ skodelice naribanega belega čedarja
- košer sol
- Sveže mleti črni poper

NAVODILA:
a) Pečico segrejte na 350°. Na desko za rezanje narežite zrezek metulja, da bo dolg pravokotnik, ki bo ravno ležal.
b) V srednje veliki skledi zmešajte artičoke, špinačo, česen, rikoto in čedar ter izdatno začinite s soljo in poprom.
c) Zrezek namažite s špinačno-artičokino pomako. Tesno zvijte zrezek, nato ga narežite na kolobarje in pecite, dokler zrezek ni pečen do želene stopnje pečenosti, 23 do 25 minut za srednjo. Postrezite z zelenjavo.

17. Pesto iz sirastih artičok

SESTAVINE:
- 2 skodelici svežih listov bazilike
- 2 žlici zdrobljenega feta sira
- ¼ skodelice sveže naribanega parmezana ¼ skodelice popečenih pinjol
- 1 srce artičoke, grobo narezano
- 2 žlici sesekljanih v olju posušenih paradižnikov
- ½ skodelice ekstra deviškega oljčnega olja
- 1 ščepec soli in črnega popra po okusu

NAVODILA:
a) V velik kuhinjski robot dodajte vse sestavine razen olja in začimb ter mešajte, dokler se ne združijo.
b) Medtem ko motor teče počasi, dodajte olje in mešajte, dokler ne postane gladko.
c) Začinite s soljo in črnim poprom ter postrezite.

18. Ocvrtki iz artičok

SESTAVINE:
- ½ funta srčkov artičok, kuhanih in narezanih na kocke
- 4 jajca, ločena
- 1 čajna žlička pecilnega praška
- 3 zelene čebule, sesekljane
- 1 žlica naribane limonine lupinice
- ½ skodelice moke
- Sol in poper po okusu
- 1 žlica koruznega škroba
- 4 skodelice olja za cvrtje, arašidovega ali koruznega olja

NAVODILA:
a) Srčke artičok damo v večjo skledo in vmešamo rumenjake in pecilni prašek.
b) Dodajte zeleno čebulo. Zložite limonino lupino. Zmešajte moko, sol in poper.
c) V ločeni skledi stepite jajčne beljake in koruzni škrob, dokler ne nastanejo vrhovi. Beljake vmešamo v mešanico artičok.
d) Z jedilno žlico v olje pokapajte kepice testa za ocvrtke.
e) Pražite do zlato rjave barve
f) Ocvrte odstranite z žlico in jih odcedite na papirnatih brisačah.

19. Pečena pomaka iz špinače in artičoke

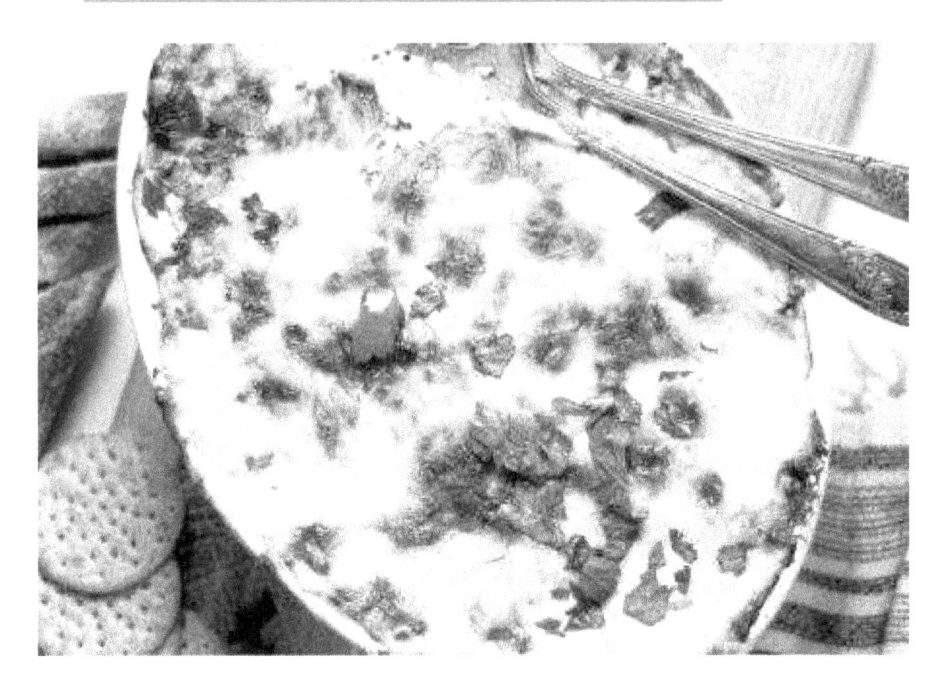

SESTAVINE:
- 14 unč lahko artičoke srca, izsušeno in sesekljan
- 10 unč zamrznjenih sesekljan špinača odmrznjen
- 1 skodelica resnično majoneza
- 1 skodelica nariban parmezan sir
- 1 česen nageljnove žbice stisnjen

NAVODILA:
a) Odtajajte zamrznjen špinača potem stisniti to suho z tvoje roke.
b) Mešajte skupaj: izsušeno in sesekljan artičoka, stisnjen špinača, 1 skodelica majoneza, ¾ skodelica parmezan sir, 1 stisnjen česen nageljnove žbice, in prenos do a 1-četrt enolončnica oz pita jed.
c) Potresemo na preostanek ¼ skodelica parmezan sir.
d) Pečemo nepokrito za 25 minut pri 350˚F oz dokler ogrevan skozi. Postrezite z tvoje najljubši crostini, čips, oz krekerji.

20.Dip iz artičok

SESTAVINE:
- 2 skodelice od artičoke srca, sesekljan
- 1 skodelica majoneza oz svetloba majoneza
- 1 skodelica razrezana Parmezan

NAVODILA:
a) Združite vse sestavine, in mesto the mešanica v a namazan pečenje jed. Pečemo za 30 minut pri 350 °F.
b) Pečemo the dip dokler to je rahlo porjavi in mehurčkasto na vrh.

21.Kremna pomaka iz artičoke

SESTAVINE:

- 2 x 8 unč paketi od krema sir, soba temp
- ⅓ skodelica kislo krema
- ¼ skodelica majoneza
- 1 jedilna žlica limona sok
- 1 jedilna žlica Dijon gorčica
- 1 česen nageljnove žbice
- 1 čajna žlička Worcestershire omaka
- ½ čajna žlička vroče poper omaka
- 3 x 6 unč kozarci od mariniran artičoke srca, izsušeno in sesekljan
- 1 skodelica nariban mocarela sir
- 3 kapestose
- 2 čajna žlička mleto jalapeño

NAVODILA:

a) Uporaba an električni mešalnik premagati the prvi 8 sestavin v a velik skleda dokler mešano. Zložite v artičoke, mocarela, kapestose, in jalapeño.
b) Prenos do a pečenje jed.
c) Predgrejte the pečica do 400 °F.
d) Pečemo dip dokler brbotanje in rjav na vrh— približno 20 minut.

22.Nabodala iz predpasti

SESTAVINE:
- Rezine salame, zložene
- češnjev paradižnik
- Kroglice sveže mocarele
- Marinirana srčka artičoke
- Olive (zelene ali črne)
- Listi bazilike
- Balzamična glazura
- Sol
- Poper

NAVODILA:

a) Na vsako nabodalo navijte eno prepognjeno rezino salame, en češnjev paradižnik, eno kroglico mocarele, eno srce artičoke, eno olivo in en list bazilike.
b) Ponavljajte, dokler niso sestavljena vsa nabodala.
c) Prelijemo z balzamično glazuro ter po okusu začinimo s soljo in poprom.

23. Piščančje testenine z oreščki

SESTAVINE:

- 6 rezin slanine
- 1 (6 oz) kozarec mariniranih srčkov artičok, odcejenih
- 10 špargljev, konci so obrezani in grobo narezani
- 1/2 (16 oz) pakiranja rotinija, komolca ali peresnika
- 1 kuhana piščančja prsa, narezane testenine
- 1/4 C. posušenih brusnic
- 3 žlice majoneze z nizko vsebnostjo maščob
- 1/4 C. popečenih narezanih mandljev
- 3 žlice balzamičnega vinaigrette solatnega preliva
- sol in poper po okusu
- 2 žlički limoninega soka
- 1 žlička Worcestershire omake

NAVODILA:

a) Veliko ponev postavite na zmeren ogenj. V njem kuhajte slanino, dokler ne postane hrustljava. Odstranite ga iz odvečne maščobe. Zdrobite ga in odložite.

b) Testenine skuhamo po navodilih na embalaži.

c) Vzemite majhno skledo za mešanje: v njej zmešajte majonezo, balzamični vinaigrette, limonin sok in worcestershire omako. Dobro jih premešamo.

d) Vzemite veliko posodo za mešanje: vanjo stresite testenine s prelivom. Dodajte artičoke, piščanca, brusnice, mandlje, nadrobljeno slanino in šparglje, ščepec soli in popra.

e) Dobro jih premešamo. Solato hladimo v hladilniku 1 uro 10 minut in jo postrežemo.

24. Artičoke z omako iz kopra

SESTAVINE:
- 12 otroških artičok
- Sol po okusu
- Sok 2 limon
- 3 žlice oljčnega olja
- 1 žlica dijonske gorčice
- ¼ skodelice svežega kopra, drobno sesekljanega
- Sveže mleti črni poper po okusu

NAVODILA:
a) Artičoke očistite tako, da jih namočite v vodi in vodo menjate, dokler po namakanju ne ostane bistra. Artičokam potrgajte zunanje liste.
b) S kuhinjskimi škarjami odrežite vrhove preostalih listov artičoke, tako da bo vrh artičoke enake višine. Odstranite trnasto dušilko iz sredine. Na tej stopnji mora biti artičoka podobna cvetu.
c) Artičoke dajte v večjo ponev, dodajte nekaj soli, pokrijte z vodo in zavrite na srednje močnem ognju. Ko artičoke začnejo vreti, zmanjšajte toploto na srednjo temperaturo in nadaljujte s vrenjem artičok, dokler niso mehke.
d) Artičoke odcedite in jih položite na manjši servirni krožnik. V mešalnik dajte limonin sok, olivno olje, dijonsko gorčico in koper. Zmešajte, da nastane vinaigrette, in začinite s soljo in poprom po okusu. Artičoke prelijemo s prelivom.
e) Postrezite toplo ali pri sobni temperaturi.

DESKE ZA MESTORE

25.Španska tapas deska

SESTAVINE:
- Narezano suhomesnato meso (kot je chorizo, Serrano šunka ali salama)
- Manchego sir, narezan
- Marinirane olive
- Marinirana srčka artičoke
- Pečena rdeča paprika
- Španska tortilja (krompirjeva in jajčna omleta, narezana na majhne koščke)
- Rezine kruha ali bagete
- Paradižnikov in česnov namaz (na primer paradižnikov preliv za bruskete)
- Španski mandlji ali drugi oreščki

NAVODILA:
a) Narezane suhomesnate izdelke razporedimo po veliki servirni deski ali krožniku.
b) Poleg mesa položite narezan sir Manchego.
c) Na desko v ločene grozde razporedite marinirane olive, srčke marinirane artičoke in pečeno rdečo papriko.
d) Na desko dodamo narezano špansko tortiljo.
e) Rezine kruha ali bagete položite poleg ostalih sestavin.
f) Paradižnikov in česnov namaz postrežemo v krožniku ob deski.
g) Po deski raztresite španske mandlje ali druge oreščke za dodatno hrustljavost.
h) Postrezite in uživajte!

26. Deska za predjed iz predjedi

SESTAVINE:
- Različni suhomesnati izdelki (kot so pršut, salama ali capicola)
- Različni siri (kot so mozzarella, provolone ali Asiago)
- Marinirana srčka artičoke
- Marinirane olive
- Pečena rdeča paprika
- Na žaru ali marinirana zelenjava (kot so bučke ali jajčevci)
- Različni kruh ali grisine
- Balzamična glazura ali redukcija za polivanje
- Sveža bazilika ali peteršilj za okras

NAVODILA:
a) Raznovrstne suhomesnate izdelke razporedite po veliki servirni deski ali krožniku.
b) Poleg mesa položite različne sire.
c) Na desko dodamo vložena srčka artičok, vložene olive in pečeno rdečo papriko.
d) Za dodaten okus in raznolikost vključite zelenjavo na žaru ali vloženo zelenjavo.
e) Priskrbite izbran kruh ali grisine, ki jih bodo gostje uživali z mesom in siri.
f) Pokapajte balzamično glazuro ali redukcijo čez sestavine za oster in sladek pridih.
g) Okrasite s svežo baziliko ali peteršiljem za dodatno svežino in vizualno privlačnost.
h) Postrezite in uživajte!

27. Italijanske predpasti Platter

SESTAVINE:
- Narezan pršut
- Narezana Soppressata
- Narezana mortadela
- Marinirana srčka artičoke
- Marinirana pečena rdeča paprika
- Na soncu sušeni paradižniki
- Bocconcini (majhne kroglice mocarele)
- Grisine palčke
- Grisini (hrusini oviti v pršut)
- Ostružki parmezana
- Balzamična glazura (za pokapanje)

NAVODILA:
a) Postavite krožnik ali desko.
b) Narezano meso položimo na krožnik in ga po želji zvijemo.
c) Na krožnik dodamo marinirana srčka artičok, pečeno rdečo papriko in sušene paradižnike.
d) Na krožnik položite bocconcini in grisine.
e) Po krožniku raztresemo ostružke parmezana.
f) Sestavine pokapajte z balzamično glazuro.
g) Postrezite in uživajte!

SENDVIČI IN ZAVITKI

28.Sendvič za zajtrk s špinačo in artičokami

SESTAVINE:
- 1 čajna žlička olivnega olja
- 1 skodelica listov mlade špinače
- 1/4 skodelice srčkov artičok, grobo narezanih
- 4 beljake, stepene
- 1 rezina sira mozzarella
- 2 polnozrnati žemljici ali angleški kolački (po želji popečeni)

NAVODILA:
a) V veliki ponvi na srednjem ognju segrejte olivno olje.
b) Ko se segreje, dodajte liste mlade špinače in sesekljane srčke artičok. Kuhajte, dokler špinača ne oveni, nato zmes odstranite iz ponve in odstavite.
c) V isto ponev dodajte stepene beljake in mešajte, dokler niso kuhani.
d) Umešane beljake enakomerno porazdelite med spodnje polovice polnozrnatih žemljic ali angleških mafinov.
e) Na sneg iz beljakov z žlico stresemo mešanico kuhane špinače in artičok.
f) Na vsak sendvič položite polovico rezine mocarele.
g) Sestavljene sendviče vrnite v ponev in pokrijte, da se sir stopi, približno 30 sekund.
h) Vsak sendvič pokrijte z drugo polovico polnozrnatega zvitka ali angleškega mafina.
i) Postrezite in uživajte v okusnem sendviču za zajtrk s špinačo in artičokami!
j) Opomba: po želji lahko polnozrnate žemljice ali angleške mafine popečete, preden sestavite sendviče.

29. Odprti sendvič s špinačo in artičokami

SESTAVINE:
- 1 angleški mafin
- 1 skodelica sesekljane zamrznjene špinače, odmrznjene
- 1 ½ skodelice sesekljanih zamrznjenih srčkov artičok, odmrznjenih
- 6 unč kremnega sira, pri sobni temperaturi
- ¼ skodelice kisle smetane
- ¼ skodelice majoneze
- ⅓ skodelice naribanega parmezana
- ½ čajne žličke kosmičev rdeče paprike
- ¼ čajne žličke soli
- ¼ čajne žličke česna v prahu
- ½ skodelice naribanega sira mozzarella
- Narezan drobnjak

NAVODILA:
a) Predgrejte brojlerja na visoko.
b) Nasekljano špinačo in srčke artičok kuhajte v 1 skodelici vode, dokler se ne zmehčajo, nato jih temeljito odcedite.
c) V skledi za mešanje zmešajte odcejeno špinačo in artičoke s kremnim sirom, kislo smetano, majonezo, naribanim parmezanom, kosmiči rdeče paprike, soljo in česnom v prahu. Mešajte, dokler se vse sestavine dobro ne premešajo.
d) Angleški mafin prerežemo na pol in polovice položimo na pekač.
e) Mešanico špinače in artičok enakomerno nanesite na vsako polovico angleškega muffina.
f) Na zmes potresemo naribano mocarelo.
g) Pekač postavite pod brojlerje in kuhajte, dokler se sir ne stopi in postane mehurčast, kar običajno traja le nekaj minut. Bodite pozorni na to, da preprečite opekline.
h) Odstranite iz brojlerja in okrasite z narezanim drobnjakom.
i) Postrezite okusen angleški kolaček s špinačo in artičokami, dokler je vroč in uživajte!

30.Sicilijanski cvrt sir s kaprami in artičokami

SESTAVINE:
- 5 narezanih mariniranih srčkov artičoke
- 4 debele rezine podeželskega kruha, sladkega ali kislega
- 12 unč provolona, mocarele, manourija ali drugega blagega in topljivega sira, nastrganega
- 2 žlici ekstra deviškega oljčnega olja
- 4 stroki česna, zelo tanko narezani ali mleti
- Približno 2 žlici rdečega vinskega kisa
- 1 žlica kaper v slanici, odcejenih
- 1 čajna žlička zdrobljenega posušenega origana
- Večkrat mletje črnega popra
- 2 žlički sesekljanega svežega ploščatega peteršilja

NAVODILA:
a) Predgrejte brojlerja.
b) Artičoke razporedite po kruhu in jih položite na pekač, nato pa potresite s sirom.
c) V težki ponvi, ki se ne sprijema, segrejte olivno olje na srednje močnem ognju, nato dodajte česen in rahlo porjavite. Dodajte rdeči vinski kis, kapre, origano in črni poper ter kuhajte minuto ali dve ali dokler se tekočina ne zmanjša na približno 2 čajni žlički.
d) Vmešajte peteršilj. Z žlico prelijte kruh s sirom.
e) Pražite, dokler se sir ne stopi, nastane mehurček in na pikah postane zlat. Jejte takoj.

31. Seattle piščančji sendvič

SESTAVINE:
- 6 rezin italijanskega kruha
- ⅓ skodelice bazilikinega pesta
- 3 unče narezanega pršuta, neobvezno
- 1 (14 unč) pločevinka srčkov artičok, odcejenih in narezanih
- 1 (7 unč) kozarec pražene rdeče paprike, odcejene in narezane na trakove
- 12 unč kuhanega piščanca, narezanega na trakove
- 4-6 unč naribanega sira provolone

NAVODILA:
a) Preden karkoli naredite, segrejte pečico na 450 F.
b) Eno stran vsake rezine kruha premažite s pestom.
c) Po rezinah kruha razporedite rezine pršuta, nato rezine artičok, trakove rdeče paprike in trakove piščanca.
d) Na desko za rezanje položite 6 kosov folije. Vsak sendvič nežno položite v kos folije in ga ovijte okoli njega.
e) Položimo jih na pekač in jih pečemo v pečici 9 minut.
f) Kose folije zavrzite in odprte sendviče položite nazaj na pladenj.
g) Po njih potresemo nariban sir. Sendviče pečemo v pečici dodatne 4 minute.
h) Sendviče postrezite vroče s svojimi najljubšimi prelivi.
i) Uživajte.

32. Sir na žaru z artičokami

SESTAVINE:
- 2 čajni žlički Dijonska gorčica
- 8 unč Sendvič zvitki, (4 zvitki) razrezani in popečeni
- ¾ unče Nemastne rezine ameriškega sira, (8 rezin)
- 1 skodelica Narezana odcejena srca artičok iz konzerve
- 1 Paradižnik, narezan na ¼ palca debelo
- 2 žlici Italijanski preliv brez olja

NAVODILA:
a) Zgornjo polovico vsakega zvitka namažite s ½ čajne žličke gorčice; dati na stran.
b) Spodnje polovice zvitkov položimo na pekač.
c) Na vrh vsakega položite 2 rezini sira, ¼ skodelice narezane artičoke in 2 rezini paradižnika; vsakega pokapljajte z 1-½ čajne žličke preliva.
d) Pražite 2 minuti ali dokler se sir ne stopi. Pokrijte z vrhovi zvitkov.

GLAVNA JED

33.Rižota z artičokami

SESTAVINE:
- 2 Globe artičoke
- 2 žlici rastlinsko maslo
- 1 limona
- 2 žlici Olivno olje
- 1 Portobello gobe
- 2½ skodelice zelenjavna zaloga
- 1 čebula; mleto
- 1 skodelica Suho belo vino
- 2 Strok česna; mleto
- Sol in poper; okusiti
- 1 skodelica Riž arborio
- 1 žlica Peteršilj; mleto

NAVODILA:
PRIPRAVITE ARTIČOKE:
a) Začnite s pripravo artičok. Vsaki artičoki odrežite zgornjo tretjino in odstranite vse trde zunanje liste. Odrežite steblo in pustite približno en centimeter nedotaknjenega.
b) Z ostrim nožem ali lupilcem zelenjave odrežite trdo zunanjo plast stebla.
c) Artičoke po dolžini prerežite na pol in z žlico izdolbite čok (mehka sredica). Artičoke takoj dajte v skledo z vodo, pomešano z limoninim sokom, da preprečite, da porjavijo.
d) Gobo Portobello narežite na četrtine, nato pa vsako četrtino narežite na tanke rezine. Peteršilj in stroke česna sesekljajte.

KUHANJE RIŽOTE:
e) V kozici na zmernem ognju segrevajte zelenjavno osnovo, da zavre. V ločeni veliki ponvi ali nizozemski pečici segrejte oljčno olje in rastlinsko maslo na srednjem ognju. Dodajte mleto čebulo in česen ter kuhajte, dokler se ne zmehčata in zadišita, približno 2-3 minute.
f) Vmešajte riž Arborio in ga premažite z mešanico olja in masla. Kuhamo še 1-2 minuti, da se riž rahlo popeče.
g) Prilijemo suho belo vino, nenehno mešamo, dokler riž večinoma ne vpije tekočine.
h) Rižu začnite dodajati kuhano zelenjavno osnovo, eno zajemalko naenkrat in pogosto mešajte. Pustite, da riž vpije vsako dodano

osnovo, preden dodate več. Nadaljujte s tem postopkom, dokler riž ni kremast in mehak, vendar še vedno rahlo čvrst na ugriz, približno 20-25 minut.

i) Ko je rižota skoraj kuhana, vanjo vmešamo prihranjene artičoke, narezane gobe in sesekljan peteršilj. Kuhajte še 2-3 minute ali dokler se artičoke in gobe ne segrejejo in zmehčajo.

j) Rižoto po okusu začinimo s soljo in poprom. Po želji ožamemo preostalo polovico limone po rižoti, da dodamo svetel, citrusen okus.

k) Rižoto z artičokami postrezite vročo, po želji jo okrasite z dodatnim mletim peteršiljem.

34. Artičoke in parmezan En Route

SESTAVINE:
- 1 list listnatega testa, odmrznjen
- 1 skodelica narezanih srčkov artičok
- ½ skodelice naribanega parmezana
- ½ skodelice kremnega sira, zmehčanega
- 2 žlici majoneze
- 1 žlica svežega limoninega soka
- 2 stroka česna, nasekljana
- Sol in poper po okusu
- 1 jajce, stepeno (za pranje jajc)

NAVODILA:
a) Pečico segrejte na 400 °F (200 °C).
b) Listnato testo na pomokani površini razvaljamo v pravokotnik.
c) V skledi zmešamo sesekljane srčke artičok, nariban parmezan, kremni sir, majonezo, svež limonin sok, sesekljan česen, sol in poper. Prepričajte se, da so sestavine dobro združene.
d) Mešanico artičok in parmezana enakomerno porazdelite po listnatem testu, tako da ob robovih pustite majhen rob.
e) Listnato testo previdno zvijte, začnite z ene od daljših strani. Zaprite robove tako, da jih nežno pritisnete.
f) Zvite artičoke in parmezan En Croute položite s šivi navzdol na pekač. Celotno površino premažite s stepenim jajcem za zlato barvo.
g) Z ostrim nožem narahlo zarežite vrh peciva, da med peko uhaja para.
h) Pecite v ogreti pečici 20-25 minut oziroma dokler pecivo ni zlato rjavo in napihnjeno.
i) Pustite, da se en croute ohladi nekaj minut, preden ga narežete. Postrezite toplo kot predjed ali okusno prilogo.

35. Torta iz artičoke

SESTAVINE:
- 1 slepo pečena skorja za pito v 10 žlebu; d
- 1 pekač za tart
- 2 žlici olivnega olja
- 1 unča pancete; julienned
- ½ skodelice mlete čebule
- 2 žlici mlete šalotke
- 6 unč srčkov artičok v julienu
- 1 žlica mletega česna
- ¼ skodelice težke smetane
- 3 žlice šifonade sveže bazilike
- 1 sok ene limone
- ½ skodelice naribanega sira Parmigiano-Reggiano
- ½ skodelice naribanega sira asiago
- 1 sol; okusiti
- 1 sveže mlet črni poper; okusiti
- 1 skodelica zeliščne paradižnikove omake; toplo
- 1 žlica šifonirane bazilike
- 2 žlici naribanega parmezana

NAVODILA:
a) Pečico segrejte na 350 stopinj.
b) V ponvi segrejemo olivno olje.
c) Panceto pražimo 1 minuto.
d) Dodamo čebulo in šalotko ter pražimo 2 do 3 minute.
e) Dodajte srčke in česen ter nadaljujte s praženjem 2 minuti.
f) Dodajte smetano. Začinimo s soljo in poprom. Vmešajte baziliko in limonin sok.
g) Odstavimo z ognja in ohladimo. Mešanico artičok razporedite po dnu pekača za tart. Po mešanici potresemo sir.
h) Pečemo 15 do 20 minut oziroma dokler se siri ne stopijo in zlato rjavo zapečejo. Na sredino krožnika dajte delček omake. Na sredino omake položite rezino torte.
i) Okrasite z naribanim sirom in baziliko.

36. Paella v mehiškem slogu

SESTAVINE:
- 1 cel piščanec, narezan na rezine
- 2 stroka česna
- ¼ skodelice olja
- 1 funt surovih kozic
- 4 veliki paradižniki, narezani na rezine
- 1 funt graha
- 12 srčkov artičok
- 1 ½ skodelice rjavega riža
- 6 pramenov žafrana
- 1 skodelica narezane čebule
- 1 zelena paprika, narezana na kocke
- 1 rdeča paprika, narezana na kocke
- 1 čajna žlička paprike
- 1 skodelica belega vina
- 2 skodelici vode

NAVODILA:
a) Na olju prepražimo piščanca in česen. Ko porjavijo, odstranite kose piščanca v veliko posodo.
b) V enolončnico dodajte kozice, narezan paradižnik, grah in srčke artičok.
c) Na istem olju, na katerem ste popekli piščanca, približno 7 minut dušite rjavi riž, žafran, na kocke narezano čebulo ter na kocke narezano zeleno in rdečo papriko.
d) V enolončnico dodajte dušen riž in zelenjavo. Po sestavinah potresemo papriko.
e) Zalijemo z belim vinom in vodo.
f) Pecite enolončnico nepokrito pri 350 stopinjah Fahrenheita približno 1 uro ali dokler riž ni popolnoma kuhan.

37.Torta s polento z gobami in artičokami

SESTAVINE:

- 2 skodelici gob; narezana
- 1 skodelica bučk; tanko narezan
- 1 skodelica rumene buče; tanko narezan
- ½ skodelice zelene čebule; tanko narezan
- ¼ skodelice suhega rdečega vina
- 1 skodelica paradižnika; sesekljana semena
- ½ čajne žličke česna v prahu
- ¼ čajne žličke čebule v prahu
- 1 pločevinka (14 unč) srčkov artičok; odcejene in grobo narezane
- 1 paket (10 unč) zamrznjene sesekljane špinače; odmrznjeno, odcejeno in ožeto suho
- 1 skodelica sira ricotta brez maščobe
- ½ skodelice (2 unči) delno posnetega sira mocarela; razrezana
- ¼ skodelice (1 unča) svežega parmezana; nariban
- 3 veliki beljaki; rahlo pretolčeno
- 1 veliko jajce
- 1¼ skodelice polente
- ½ skodelice rdeče paprike; sesekljan
- ¼ skodelice svežega peteršilja; sesekljan
- 1 čajna žlička origana; posušeno
- ¾ čajne žličke soli
- ½ čajne žličke bazilike; posušeno
- ¼ čajne žličke popra
- 4 skodelice vode
- ¼ skodelice (1 unča) svežega parmezana; nariban
- Sprej za kuhanje

NAVODILA:

a) Za pripravo špinačnega nadeva: Pečico segrejte na 350 0 F. Zmešajte prvih pet sestavin v veliki ponvi proti prijemanju; dobro premešamo. Kuhajte na srednje močnem ognju 7 minut ali dokler zelenjava ni mehka in tekočina skoraj izhlapi.

b) Spojite v skledo; vmešajte sesekljan paradižnik, česen v prahu, čebulo v prahu, artičoke in špinačo. Združite preostale sestavine v majhni skledi; dobro premešamo. Dodajte mešanici gob; dobro premešamo. Dati na stran.

c) Za pripravo zeliščne polente: Zmešajte prvih 7 sestavin v veliki ponvi.
d) Med stalnim mešanjem z metlico postopoma dodajamo vodo. Zavremo; zmanjšajte toploto na srednjo. Kuhajte, 15 minut, pogosto mešajte. Vmešamo parmezan. Polento naložite v 10-palčni vzmetni model, prevlečen s pršilom za kuhanje, in jo enakomerno porazdelite.
e) Za dokončanje recepta: Špinačni nadev razporedite po zeliščni polenti. Na vrhu z 1 skodelico (¼-palčne debeline) rezine paradižnika; potresemo s ½ skodelice (2 unči) naribanega, delno posnetega sira mocarela. Pekač položite na pekač.
f) Pecite nepokrito pri 350 stopinjah F 1 uro ali dokler ni strjeno.
g) Pustite, da se ohladi na rešetki 10 minut. Narežite na 8 rezin in postrezite z omako za špagete z nizko vsebnostjo natrija.

38.Italijanska pita z artičokami

SESTAVINE:
- 3 jajca; Pretepen
- 1 Paket 3 oz kremnega sira z drobnjakom; Zmehčano
- ¾ čajne žličke Česen v prahu
- ¼ čajne žličke Poper
- 1½ skodelice sir mocarela, del posnetega mleka; Razrezana
- 1 skodelica Sir Ricotta
- ½ skodelice Majoneza
- 1 Srčki artičoke lahko 14 oz; Odcejeno
- ½ 15 oz Can Garbanzo fižol, v pločevinkah; Oplaknjeno in odcejeno
- 1 2 1/4 oz lahko narezane olive; Odcejeno
- 1 2 Oz Jar Pimientos; Na kocke narezano in odcejeno
- 2 žlici Peteršilj; Odrezano
- 1 Skorja za pito (9 palcev); Nepečeno
- 2 majhni paradižnik; Narezano

NAVODILA:
a) Zmešajte jajca, kremni sir, česen v prahu in poper v velikem mešalniku. V posodi za mešanje zmešajte 1 skodelico sira mozzarella, sira ricotta in majoneze.
b) Mešajte, dokler se vse dobro ne premeša.
c) 2 srci artičoke prerežite na pol in ju postavite na stran. Preostale srčke sesekljajte.
d) Mešanico sira premešajte s sesekljanimi srčki, fižolom garbanzo, olivami, pimientosom in peteršiljem. Z mešanico napolnite pekač.
e) Pečemo 30 minut pri 350 stopinjah. Preostalo mocarelo in parmezan potresemo po vrhu.
f) Pečemo še 15 minut oziroma dokler ni strjeno.
g) Pustite počivati 10 minut.
h) Po vrhu razporedite rezine paradižnika in na četrtine narezana srca artičok.

39. V ponvi popečen seitan z artičokami in olivami

SESTAVINE:
- 2 žlici olivnega olja
- 1 funt seitana, domačega ali kupljenega v trgovini, narezanega na 1/4-palčne rezine
- 2 stroka česna, nasekljana
- 1 (14,5 unč) pločevinka paradižnika, narezanega na kocke, odcejenega
- 1 1/2 skodelice konzerviranih ali zamrznjenih (kuhanih) srčkov artičok, narezanih na 1/4-palčne rezine
- 1 žlica kaper
- 2 žlici sesekljanega svežega peteršilja
- Sol in sveže mlet črni poper
- 1 skodelica tofu feta (neobvezno)

NAVODILA:

a) Pečico segrejte na 250°F. V veliki ponvi segrejte 1 žlico olja na srednje močnem ognju. Dodajte seitan in zapecite na obeh straneh, približno 5 minut.

b) Seitan prenesite na toplotno odporen krožnik in ga hranite na toplem v pečici.

c) V isti ponvi na zmernem ognju segrejte preostalo 1 žlico olja. Dodajte česen in kuhajte, dokler ne zadiši, približno 30 sekund.

d) Dodajte paradižnik, srčke artičok, olive, kapre in peteršilj. Začinite s soljo in poprom po okusu ter kuhajte, dokler ni vroče, približno 5 minut. Dati na stran.

e) Seitan položite na servirni krožnik, prelijte z zelenjavno mešanico in potresite s feto tofujem, če ga uporabljate. Postrezite takoj.

40. Italijanska rižota z artičokami Truck-Stop

SESTAVINE:
- 2 žlici olivnega olja
- 1 1/2 skodelice zamrznjenih srčkov artičok, odmrznjenih in narezanih
- 2 stroka česna, nasekljana
- 1 1/2 skodelice riža Arborio
- 1/2 skodelice suhega belega vina
- 4 1/2 skodelice vroče zelenjavne juhe, domače (glejte Lahka zelenjavna juha) ali kupljene v trgovini Sol in sveže mlet črni poper
- 1/4 skodelice sesekljane sveže bazilike

NAVODILA:
a) V večji kozici na srednjem ognju segrejte olje.
b) Dodajte srčke artičok in česen. Pokrijte in kuhajte, dokler se ne zmehča, 5 minut. Dodamo riž in premešamo, da se pokapa z oljem.
c) Dodamo vino in nežno mešamo, dokler se tekočina ne vpije.
d) Dodajte juho po eno skodelico naenkrat in pred vsakim dodatkom mešajte, dokler se tekočina ne vpije. Solimo in popramo po okusu.
e) Dušimo, dokler riž ni mehak in postane kremast. Dodajte baziliko in poskusite, po potrebi prilagodite začimbe. Postrezite takoj.

41. Stracchino z artičokami, limono in olivami

SESTAVINE:
ZA ARTIČOKE
- 1 limona
- 4 unče mladih artičok (2 do 3 artičoke)
- 1 žlica ekstra deviškega oljčnega olja
- 1 žlica tanko narezanih listov svežega italijanskega peteršilja
- 1 velik strok česna, drobno sesekljan

ZA PIZZO
- 1 krog testa za pico
- 1 žlica ekstra deviškega oljčnega olja
- Košer sol
- 2 unči Stracchina, natrganega na majhne koščke
- 1/2-unča mocarele z nizko vsebnostjo vlage, narezana na 1/2-palčne kocke
- 1 unča oliv Taggiasche ali Niçoise brez koščic
- 1 čajna žlička na tanke lističe narezanega svežega italijanskega peteršilja
- 1 limona
- Rezina Parmigiano-Reggiano, za ribanje
- 1/2 skodelice ohlapno pakirane rukole (po možnosti divje rukole)

NAVODILA:

a) Za pripravo artičok napolnite veliko skledo z vodo. Limono prerežite na pol, iztisnite sok v vodo in polovico limone spustite v vodo.

b) Artičokam odstranite zunanje liste, dokler ne ostanejo samo svetlo zelene sredice. Odrežite trde konce stebla in pustite pritrjene kar 1 ali 2 palca. Z lupilcem za zelenjavo ali majhnim ostrim nožem ostrižite stebla artičok, tako da razkrijete svetlo zelena notranja stebla. Odrežite 1/2 palca do 3/4 palca od konic listov, da imajo ravne vrhove, in zavrzite vse obrezane liste in koščke.

c) Zarežemo nad dnom, da izpustimo vse liste, liste razplezamo in položimo v okisano vodo, da ne porjavijo. Stebla na tanko narežemo in dodamo kisani vodi. Če želite artičoke pripraviti vnaprej, jih skupaj z nakisano vodo prenesite v nepredušno posodo in hranite v hladilniku, dokler jih ne boste pripravljeni uporabiti, ali za največ dva dni. Odcedimo liste in stebla. Osušite skledo in vanjo vrnite artičoke.

Dodajte oljčno olje, peteršilj in česen ter premešajte, da artičoke prekrijete z začimbami.
d) Za pripravo pice pripravite in raztegnite testo ter segrejte pečico.
e) Rob testa premažite z oljčnim oljem in po celotni površini posolite. Liste artičok raztresite po površini pice, da pokrijete, tako da pustite 1-palčni rob pice brez preliva. Po listih artičoke razporedite stracchino, mocarelo in olive. Potisnite pico v pečico in pecite, dokler se sir ne stopi in skorja ni zlato rjava in hrustljava, 8 do 12 minut. Pico vzamemo iz pečice in jo narežemo na četrtine.
f) Po pici potresemo peteršilj in z mikroplanom ali drugim drobnim strgalnikom po površini naribamo limonino lupinico.
g) Na pico naribajte rahlo plast Parmigiano-Reggiano, po vrhu potresite rukolo in postrezite.

42. Naložena sredozemska polenta

SESTAVINE:
- 1 skodelica polente
- 4 skodelice zelenjavne juhe
- 2 žlici olivnega olja
- 1 čebula, drobno sesekljana
- 2 stroka česna, nasekljana
- 1 pločevinka (400 g) na kocke narezanega paradižnika, odcejenega
- 1 skodelica narezanih srčkov artičok
- ½ skodelice oliv Kalamata, narezanih
- 1 čajna žlička posušenega origana
- 1 čajna žlička posušene bazilike
- Sol in poper po okusu
- ½ skodelice feta sira, zdrobljenega (neobvezno, za okras)
- Svež peteršilj, sesekljan (za okras)

NAVODILA:

a) V srednje veliki kozici zavrite zelenjavno juho. Počasi vmešajte polento in nenehno mešajte, da ne nastanejo grudice.
b) Zmanjšajte ogenj na nizko in med pogostim mešanjem kuhajte, dokler polenta ni gosta in kremasta (sledite navodilom na embalaži).
c) V ločeni ponvi na srednjem ognju segrejte olivno olje. Dodamo drobno sesekljano čebulo in pražimo, da postekleni.
d) V ponev dodajte sesekljan česen in pražite še 1-2 minuti.
e) Primešajte odcejene paradižnike, narezane na kocke, sesekljane srčke artičok, narezane olive Kalamata, posušen origano, posušeno baziliko, sol in poper. Kuhajte 5-7 minut, dokler se mešanica ne segreje.
f) Sredozemsko zelenjavno mešanico prelijemo čez polento in nežno premešamo, da se poveže.
g) Pred serviranjem po želji potresemo z nadrobljenim feta sirom in svežim peteršiljem.

PIZZA

43. Špinačna artičoka pica

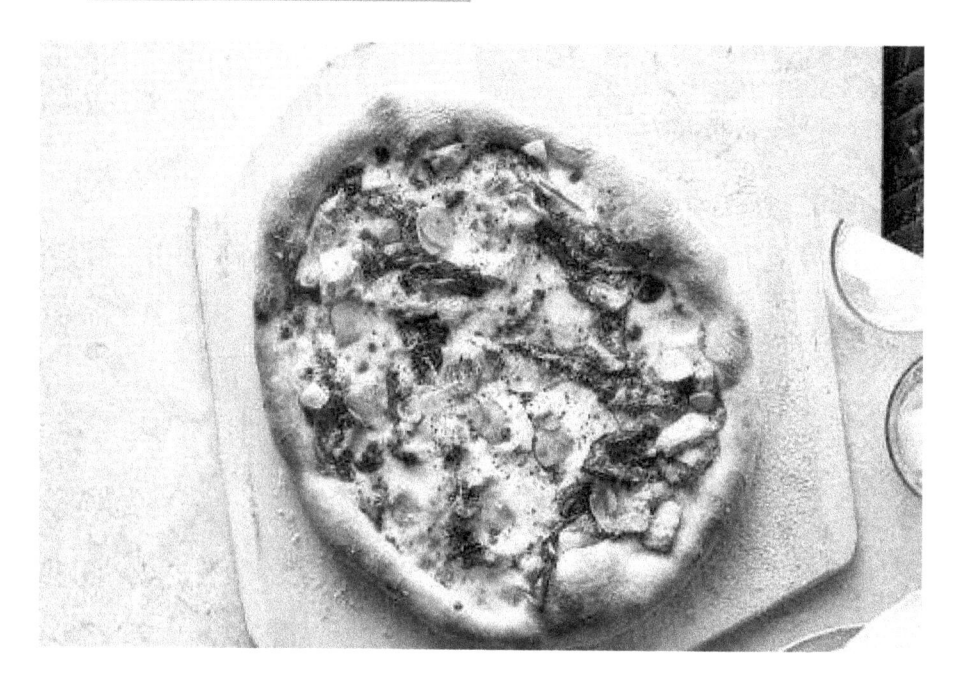

SESTAVINE:
- 1 pločevinka belega fižola
- ¼ skodelice vode
- 2 žlici prehranskega kvasa
- ½ skodelice indijskih oreščkov
- 1 žlica svežega limoninega soka
- 1 čebula, sesekljana
- 5 skodelic sveže špinače
- 2 stroka česna, nasekljana
- 1 pločevinka srčkov artičok, odcejenih
- sol
- Črni poper
- kosmiči rdeče paprike
- 2 že pripravljeno testo za pico
- ½ skodelice mocarele

NAVODILA:
a) Pečico segrejte na 350 °F.
b) Oplaknite in odcedite beli fižol iz pločevinke ter ga skupaj z indijskimi oreščki, limoninim sokom, vodo in prehranskim kvasom dajte v mešalnik. Če želite malce olajšati delo mešalnika, jih lahko pred uporabo namočite v vodi za 4-6 ur. Dati na stran.
c) V večji ponvi segrejte nekaj olja in na njem približno 3 minute pražite čebulo, da postekleni. Po 2 minutah dodamo česen. Nato dodajte 2 skodelici špinače in kuhajte še 3 minute. Vmešajte mešanico belega fižola in indijskih oreščkov. Začinite s soljo, poprom in kosmiči rdeče paprike.
d) Enakomerno porazdelite po testu za pico. Artičokine srčke narežemo na četrtine in jih skupaj s preostalo špinačo položimo na pico. Potresemo s sirom.
e) Pico pecite 8 minut ali preverite navodila na embalaži.

44. Ar tičoke in oljčna pica

SESTAVINE:
- 12-palčna predpečena skorja za pico
- ½ skodelice pesta
- 1 zrel paradižnik, sesekljan
- ½ skodelice zelene paprike, sesekljane
- 2-unča pločevinke sesekljanih črnih oliv, odcejenih
- ½ rdeče čebule, sesekljane
- 4-unča pločevinka srčkov artičok, odcejenih in narezanih
- 1 skodelica zdrobljenega sira

NAVODILA:
a) Preden naredite kar koli drugega, pečico nastavite na 450 stopinj F.
b) Testo položimo na pekač za pico.
c) Na skorjo enakomerno položite tanko plast pesta in na vrh položite zelenjavo in sir.
d) Pico potresemo s sirom in vse skupaj pečemo v pečici približno 8-10 minut.

45.Pita pice s posušenimi paradižniki

SESTAVINE:
- 8 unč na soncu posušenih paradižnikov
- ⅛ čajne žličke feferone omake
- 4 Pita kruhki
- 1½ skodelice sira Fontina; raztrgati
- 7 oz pločevink srčkov artičok; odcejene in narezane
- ⅓ skodelice narezane zrele olive
- 2 žlički posušene bazilike
- Česen, stisnjen

NAVODILA:
a) Predgrejte pekač v pečici na 450°. Odcedite olje iz mariniranega paradižnika v majhno skledo; odstavimo paradižnik. Omako iz česna in feferona zmešamo z oljem.
b) Namažite na obe strani kruha. Kruhke pokrijte s polovico sira.
c) Paradižnike, artičoke, olive in zelišča razporedite po siru, enakomerno razdelite. Vrh s preostalim sirom; položite na pekač.
d) Pecite 8 do 10 minut, dokler kruhi niso hrustljavi.

46. Artičoka pesto pica

SESTAVINE:
- 1 pripravljena skorja za pico
- ¼ skodelice pesto omake
- 6 oz. piščančje prsi na žaru, narezane
- 1 (6 oz.) kozarcev na četrtine narezanih mariniranih srčkov artičok, odcejenih
- 1/3 skodelice na soncu posušenega paradižnika, pakiranega v olju, odcejenega in narezanega
- 2 oz. česen in zeliščni kozji sir
- 1 ½ skodelice naribanega sira za pico, zmešajte olivno olje z okusom praženega česna, za ščetkanje skorje

NAVODILA:
a) Preden naredite kar koli drugega, pečico nastavite na 400 stopinj F
b) Skorjo enakomerno premažite s česnovim oljem in na vrh položite pesto, nato pa piščanca, artičoke, paradižnik, kozji sir in sir.
c) Pečemo v pečici približno 10 minut.
d) Odstranite iz pečice in uživajte vroče.

47. Pizza Štirje letni časi/Quattro Stagioni

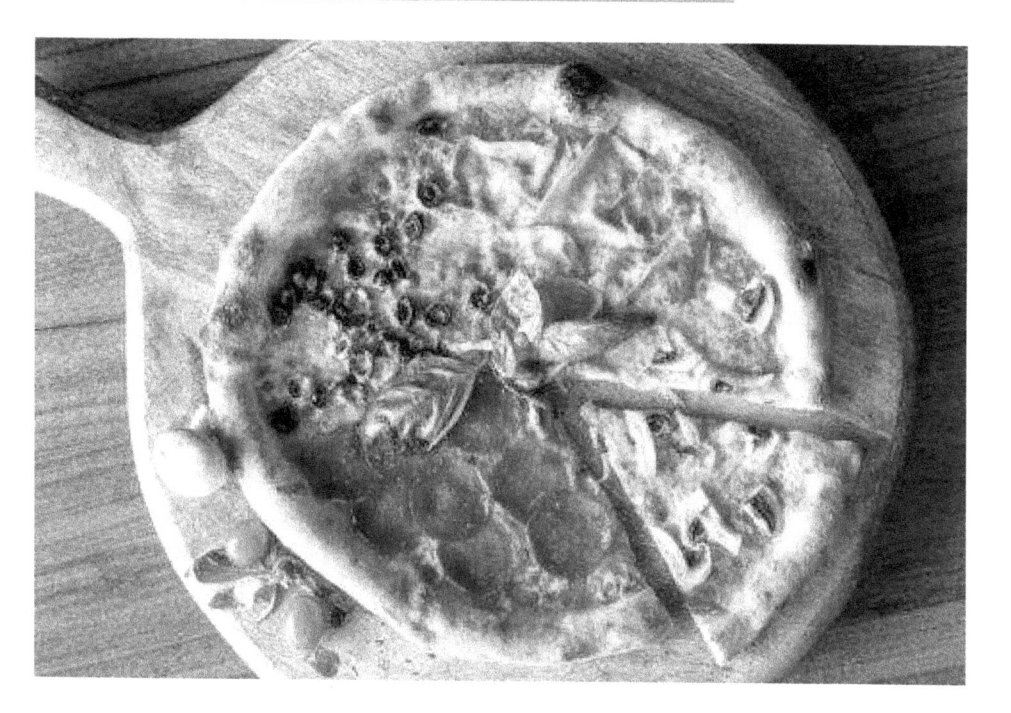

SESTAVINE:
- 1 recept za tradicionalno italijansko osnovno testo
- Mocarela, 6 unč, narezana
- Pršut, 3 unče, narezan
- Shiitake gobe, ena skodelica, narezana
- Olive, ½ skodelice, narezane
- Omaka za pico, pol skodelice
- Srčki artičoke na četrtine, ena skodelica
- Naribana parmigiana, 2 unči

NAVODILA:
a) Testo oblikujte v krog s premerom 14 palcev. To storite tako, da držite robove in previdno obračate in raztezate testo.
b) Testo prelijemo z omako za plco.
c) Po vrhu enakomerno razporedite rezine mocarele.
d) Nato srčki artičok, pršut, gobe in olive v štirih četrtinah pice.
e) Po vrhu potresemo naribano parmigiano.
f) Pecite na žaru/pečete 18 minut.

48.Pita pica z artičokami in pršutom

SESTAVINE:
- Narezana srčka artičoke
- Rdeča čebula, narezana
- Nariban sir mocarela, ena skodelica
- Sveža bazilika, za okras
- Pršut
- Omaka iz pečene rdeče paprike, ena skodelica
- Parmezan, pol skodelice, nariban
- Pečena rdeča paprika

NAVODILA:
a) Pečico segrejte na 450 stopinj Fahrenheita.
b) Vsako pito na obeh straneh rahlo premažite z olivnim oljem.
c) Na vsako pito nanesite omako iz rdeče paprike in naribano mocarelo.
d) Po vrhu potresemo s soljo, parmezanom in še več drobno sesekljanih prelivov.
e) Pečemo 5 minut in postrežemo okrašeno s svežo baziliko.

TESTENINE

49.Party testenine s pršutom

SESTAVINE:
- 1 paket (12 unč) špinačnih fetučin
- ½ skodelice masla; razdeljen
- 2 skodelici tankih trakov pršuta; (približno ⅓ funta)
- 5½ skodelice smetane za stepanje
- 1 pločevinka (14 unč) srčkov artičok; odcedimo in razpolovimo
- ½ skodelice sesekljanega svežega ali zamrznjenega drobnjaka

NAVODILA:
a) Skuhajte testenine v skladu z navodili na embalaži; odtok. Stopite ¼ skodelice masla v nizozemski pečici na srednjem ognju.
b) Dodamo pršut; pražimo, dokler ne porjavi. Odtok.
c) Dati na stran.
d) Preostalo ¼ skodelice masla raztopite v nizozemski pečici na srednjem ognju. Dodajte kuhane testenine, smetano za stepanje, srca artičok in ¼ skodelice drobnjaka; nežno premetavajte.
e) Prenesite na servirni krožnik; potresemo s pršutom in preostalim drobnjakom.
f) Postrezite takoj.

50.Peka z makom in sirom iz špinače in artičoke

SESTAVINE:
- 6 žlic soljenega masla, sobne temperature
- 1 (1 funt) škatla kratko rezanih testenin, kot so makaroni
- 2 skodelici polnomastnega mleka
- 1 (8 unč) paket kremnega sira, narezanega na kocke
- 3 skodelice naribanega ostrega cheddar sira
- Košer sol in sveže mlet poper
- Mlet kajenski poper
- 2 skodelici sveže narezane mlade špinače
- 1 (8 unč) kozarec mariniranih artičok, odcejenih in grobo narezanih
- 1½ skodelice zdrobljenih krekerjev Ritz (približno 1 tulec)
- ¾ čajne žličke česna v prahu

NAVODILA:
a) Pečico segrejte na 375°F. Namastite pekač 9 × 13 palcev.
b) V veliki kozici na močnem ognju zavrite 4 skodelice slane vode. Dodajte testenine in jih med občasnim mešanjem kuhajte 8 minut. Vmešajte mleko in kremni sir ter kuhajte, dokler se kremni sir ne stopi in so testenine al dente, še približno 5 minut.
c) Ponev odstavite z ognja in vanjo vmešajte 2 skodelici čedarja in 3 žlice masla. Začinite s soljo, poprom in kajenskim pekom. Vmešajte špinačo in artičoke. Če se vam zdi omaka pregosta, dodajte ¼ skodelice mleka ali vode, da jo razredčite.
d) Zmes preložimo v pripravljen pekač. Prelijte s preostalo 1 skodelico cheddarja.
e) V srednji skledi zmešajte krekerje, preostale 3 žlice masla in česen v prahu. Drobtine enakomerno potresemo po macu in siru.
f) Pecite, dokler omaka ne začne brbotati in drobtine niso zlate barve približno 20 minut. Pustite, da se ohladi 5 minut in postrezite. Morebitne ostanke hranite v hladilniku v nepredušni posodi do 3 dni.

51. Ravioli iz artičok in orehov

SESTAVINE:
- 1/3 skodelice plus 2 žlici oljčnega olja
- 3 stroki česna, sesekljani
- 1 (10 unč) paket zamrznjene špinače, odmrznjene in ožete
- 1 skodelica zamrznjenih srčkov artičok, odmrznjenih in sesekljanih
- 1/3 skodelice čvrstega tofuja, odcejenega in zdrobljenega
- 1 skodelica praženih koščkov orehov
- 1/4 skodelice tesno zmečkanega svežega peteršilja
- Sol in sveže mlet črni poper
- 1 testo za testenine brez jajc
- 12 svežih listov žajblja

NAVODILA:

a) V veliki ponvi na srednjem ognju segrejte 2 žlici olja. Dodajte česen, špinačo in srčke artičok. Pokrijte in kuhajte, dokler se česen ne zmehča in tekočina ne vpije, približno 3 minute, občasno premešajte. Mešanico prestavimo v kuhinjski robot. Dodajte tofu, 1/4 skodelice orehov, peteršilj ter sol in poper po okusu. Procesirajte, dokler ni mleto in temeljito premešano.

b) Odstavimo, da se ohladi.

c) Če želite pripraviti raviole, testo razvaljajte zelo na tanko (približno 1/8 palca) na rahlo pomokani površini in ga narežite na 2-palčne trakove. Položite 1 zvrhano čajno žličko nadeva na trak testenin, približno 1 cm od vrha. Na trak testenin položite še eno čajno žličko nadeva, približno 1 cm pod prvo žlico nadeva. Ponovite po celotni dolžini testenega traku.

d) Robove testa rahlo navlažimo z vodo in na prvega položimo drugi trak testenin, ki prekrije nadev.

e) Med deli nadeva stisnite dve plasti testa skupaj. Z nožem obrežite stranice testa, da bo ravno, nato pa zarežite čez testo med vsakim kupčkom nadeva, da naredite kvadratne raviole. S konicami vilic pritisnite ob robove testa, da zaprete raviole. Raviole prestavimo na pomokan krožnik in ponovimo s preostalim testom in nadevom.

f) Raviole kuhajte v velikem loncu z vrelo slano vodo, dokler ne priplavajo na vrh, približno 7 minut. Dobro odcedimo in odstavimo. V veliki ponvi na srednjem ognju segrejte preostalo 1/3 skodelice olja. Dodajte žajbelj in preostalo ¾ skodelice orehov ter kuhajte, dokler žajbelj ne postane hrustljav in orehi ne zadišijo.

g) Dodamo kuhane raviole in med nežnim mešanjem kuhamo, da se prelijejo z omako in segrejejo. Postrezite takoj.

52.Penne Paella s špinačo in artičokami

SESTAVINE:
- 8 unč penne testenin
- 1 pločevinka srčkov artičok, odcejenih in sesekljanih
- 2 skodelici sveže špinače
- 1 čebula, drobno sesekljana
- 2 stroka česna, nasekljana
- 1 rdeča paprika, narezana na kocke
- 1 čajna žlička prekajene paprike
- ½ čajne žličke žafranove niti (neobvezno)
- 2 skodelici zelenjavne juhe
- Sol in poper po okusu
- Oljčno olje za kuhanje
- Nariban parmezan za okras

NAVODILA:
a) Skuhajte penne testenine po navodilih na embalaži. Odcedimo in odstavimo.
b) V veliki ponvi na srednjem ognju segrejte olivno olje. Dodajte čebulo, česen in papriko. Pražite, dokler se zelenjava ne zmehča.
c) Vmešamo dimljeno papriko in žafranove nitke (če jih uporabljamo).
d) V ponev dodamo srčke artičok in svežo špinačo. Kuhajte, dokler špinača ne oveni.
e) Zalijemo z zelenjavno juho in pustimo vreti nekaj minut.
f) Dodajte kuhane penne testenine in premešajte, dokler niso dobro prekrite. Začinimo s soljo in poprom.
g) Pred serviranjem okrasite z naribanim parmezanom.

53.Agnolotti z omako iz artičok

SESTAVINE:
ZA OMAKO:
- 1 (9 unč) paket zamrznjenih srčkov artičok, odmrznjenih in sesekljanih
- 1 skodelica zamrznjenega graha (ne odtajajte)
- 1 skodelica pol-pol
- 1 strok česna, strt
- ⅛ čajne žličke rdeče paprike
- 1 čajna žlička drobno naribane limonine lupinice
- 2 žlički svežega limoninega soka
- Sol

ZA TESTENINE:
- 1 funt ohlajenih sirnih agnolotti (ali raviolov)
- 1 skodelica naribanega parmezana
- ¼ skodelice svežih listov bazilike, sesekljanih

NAVODILA:
ZA OMAKO:
a) Zmešajte artičoke, pol-in-pol, česen, kosmiče rdeče paprike in ¼ čajne žličke soli v vakuumsko zaprti vrečki.
b) Nastavite svoj aparat Sous Vide na 165F/73,8C in postavite vrečko v vodno kopel za 30 minut.

ZA TESTENINE:
c) Medtem ko se omaka kuha, zavremo lonec z vodo in dodamo agnolotte. Testenine odcedite, vendar zadržite polovico vode za testenine.
d) Na zmernem ognju segrejte ponev in ko je omaka v aparatu Sous Vide končana, odstranite vrečko iz vode in vsebino stresite v ponev. Dodajte testenine in ½ skodelice vode za testenine ter premešajte, da se prekrijejo.
e) Nato dodajte parmezan in premešajte. Postrezite posuto s sesekljano baziliko.

54. Bow-Tie testenine z jastogom in artičokami

SESTAVINE:

- 8 unč testenin z metuljčkom
- 2 repa jastoga, kuhana in odstranjena
- 1 skodelica srčkov artičok, odcejenih in narezanih
- 2 žlici masla
- 2 stroka česna, nasekljana
- ½ skodelice piščančje ali zelenjavne juhe
- ½ skodelice težke smetane
- ¼ skodelice naribanega parmezana
- 1 žlica svežega limoninega soka
- Sol in poper po okusu
- Svež peteršilj, sesekljan (za okras)

NAVODILA:

a) Testenine z metuljčkom skuhamo po navodilih na embalaži, dokler niso al dente. Odcedimo in odstavimo.
b) V veliki ponvi na zmernem ognju stopite maslo. Dodamo sesekljan česen in pražimo približno minuto, da zadiši.
c) V ponev dodajte srca artičok in jih med občasnim mešanjem kuhajte 2-3 minute.
d) V ponev dodajte meso jastoga in kuhajte še 2 minuti ter nežno mešajte, da se poveže z artičokami.
e) Prilijemo piščančjo ali zelenjavno juho in pustimo vreti. Pustite kuhati nekaj minut, da se juha nekoliko zreducira.
f) Zmanjšajte ogenj na nizko in vmešajte smetano, parmezan in limonin sok. Začinimo s soljo in poprom po okusu. Počasi dušite 3-4 minute, da se okusi prepojijo.
g) V ponev dodamo kuhane metuljčke in vse skupaj premešamo, dokler niso testenine dobro obložene z omako.
h) Odstavite z ognja in okrasite s sesekljanim peteršiljem.
i) Metuljčke testenine z jastogom in artičokami postrezite takoj, dokler so še vroče. Lahko ga pospremite s prilogo solate ali hrustljavega kruha.

55. Lazanja s tuno in artičokami

SESTAVINE:
- 9 rezancev za lazanjo
- 2 pločevinki tune, odcejene in narezane na kosmiče
- 1 skodelica sesekljanih srčkov artičoke (v pločevinkah ali zamrznjenih)
- ½ skodelice sesekljanih črnih oliv
- ½ skodelice narezanih posušenih paradižnikov
- 1 skodelica sira ricotta
- 1 skodelica naribanega sira mozzarella
- ½ skodelice naribanega parmezana
- 2 skodelici marinara omake
- 1 čajna žlička posušene bazilike
- Sol in poper po okusu

NAVODILA:

a) Pečico segrejte na 375 °F (190 °C) in rahlo namastite pekač velikosti 9x13 palcev.

b) Rezance za lazanjo skuhamo po navodilih na embalaži. Odcedimo in odstavimo.

c) V skledi za mešanje zmešajte tunino, sesekljane srčke artičoke, črne olive, sušene paradižnike, sir ricotta, nastrgan sir mocarela, nariban parmezan, posušeno baziliko, sol in poper. Dobro premešaj.

d) Dno pekača namažemo s tanko plastjo marinara omake. Na vrh položimo tri rezance za lazanjo.

e) Po rezancih razporedite plast mešanice tune. Ponovite plasti s tremi rezanci za lazanjo in več mešanice tune.

f) Na vrh položite preostale tri rezance za lazanjo in po vrhu prelijte preostalo omako marinara.

g) Po vrhu potresemo še nariban parmezan za dodaten okus.

h) Pekač pokrijemo s folijo in pečemo 25 minut.

i) Odstranite folijo in pecite dodatnih 10 minut, dokler se sir ne stopi in postane mehurček.

j) Pustite, da se ohladi nekaj minut, preden postrežete.

56. Lazanja s špinačo in artičokami

SESTAVINE:
- 12 rezancev za lazanjo
- 2 skodelici bešamel omake (bela omaka)
- 1 skodelica sesekljane špinače
- 1 skodelica mariniranih srčkov artičok, sesekljanih
- 1 skodelica narezane čebule
- 3 stroki česna, sesekljani
- 2 žlici olivnega olja
- 1 žlica prehranskega kvasa
- Sol in poper po okusu
- Veganska mocarela (za preliv)

NAVODILA:
a) Pečico segrejte na 375 °F (190 °C) in skuhajte rezance za lazanjo v skladu z navodili na embalaži.
b) V veliki ponvi na srednjem ognju segrejte olivno olje. Dodamo čebulo in česen ter pražimo, dokler se ne zmehčata.
c) Dodamo narezano špinačo in kuhamo, dokler ne oveni. Vmešajte sesekljane srčke artičok, prehranski kvas, sol in poper. Dobro premešaj.
d) Dno pekača namažemo s tanko plastjo bešamela. Po vrhu razporedimo plast kuhanih rezancev za lazanjo.
e) Po rezancih razporedite plast mešanice špinače in artičok. Ponovite plasti.
f) Lazanjo prelijemo s preostalim bešamelom.
g) Po vrhu lazanje potresemo mocarelo.
h) Pekač pokrijemo s folijo in pečemo 25 minut. Odstranite folijo in pecite dodatnih 10 minut, dokler se lazanja ne segreje in se sir stopi in postane mehurček.
i) Pustite, da se lazanja ohladi nekaj minut, preden jo postrežete.

57. Njoki z gobami in artičokami

SESTAVINE:
- 1 skodelica njokov
- 2 skodelici narezanih gob (kot so cremini ali šampinjoni)
- 1 skodelica mariniranih srčkov artičok, odcejenih in narezanih
- 2 žlici olivnega olja
- 2 stroka česna, nasekljana
- ¼ skodelice sesekljanega svežega peteršilja
- Sol in poper po okusu
- Nariban parmezan za serviranje

NAVODILA:
a) Njoke kuhamo po navodilih na embalaži, dokler ne priplavajo na površje. Odcedimo in odstavimo.
b) V ponvi na srednjem ognju segrejte olivno olje.
c) Dodamo sesekljan česen in kuhamo, dokler ne zadiši.
d) V ponev dodajte narezane gobe in jih pražite, dokler niso mehke in zlato rjave.
e) Primešamo nasekljane srčke artičok in sesekljan svež peteršilj. Kuhamo nekaj minut, da se okusi povežejo.
f) V ponev dodajte kuhane njoke in jih premešajte, dokler niso dobro obloženi z gobami in artičokami.
g) Začinimo s soljo in poprom po okusu.
h) Njoke z gobami in artičokami postrezite z naribanim parmezanom, potresenim po vrhu.

58.Gratinirane testenine s provansalsko zelenjavo

SESTAVINE:
- 2 žlici olivnega olja
- 3 srednje velike šalotke, zmlete
- 2 stroka česna, nasekljana
- 1 srednje velika rdeča paprika, sesekljana
- 1 srednja bučka, sesekljana
- 1 (28 unč) pločevinka zdrobljenega paradižnika
- 1/2 čajne žličke posušenega timijana
- 1 žlica mletega svežega ploščatega peteršilja
- Sol in sveže mlet črni poper
- 12 unč peresnikov ali drugih majhnih testenin
- 1 skodelica srčkov artičok v pločevinkah, odcejenih in oplaknjenih
- 1/2 skodelice suhih nezačinjenih krušnih drobtin

NAVODILA:

a) V večji ponvi na srednjem ognju segrejte olje. Dodajte šalotko in česen ter kuhajte, dokler se ne zmehčata, približno 3 minute.

b) Dodajte papriko in bučke ter kuhajte, dokler se ne zmehčajo, približno 10 minut. Vmešajte paradižnik, timijan, peteršilj ter sol in črni poper po okusu.

c) Artičoke drobno sesekljajte in dodajte v ponev. Zmanjšajte toploto na nizko in kuhajte 10 minut, da se okusi premešajo. Pečico segrejte na 350°F. 2-litrsko gratinirano posodo ali enolončnico rahlo naoljite in odstavite.

d) V loncu z vrelo slano vodo med občasnim mešanjem kuhajte peresnike, dokler niso al dente, približno 10 minut. Odcedite in vrnite v lonec. Zelenjavno mešanico dodamo testeninam, dobro premešamo, da se povežejo, in nato preložimo v pripravljeno posodo.

e) Na vrh potresemo krušne drobtine, pokrijemo s folijo in pečemo, dokler ni vroče, približno 30 minut. Odkrijte in pecite še 10 minut, da drobtine porjavijo. Postrezite takoj.

59.Španska čičerika in testenine

SESTAVINE:
- 2 žlici olivnega olja
- 2 stroka česna, nasekljana
- ½ žličke dimljene paprike
- 1 žlica mlete kumine
- ½ žličke posušenega origana
- ¼ žlička kajenskega popra
- Sveže mlet črni poper
- 1 rumena čebula
- 2 skodelici nekuhanih testenin brez glutena
- 15-unčna pločevinka narezanega paradižnika
- 15-unčna pločevinka četrtin srčkov artičoke
- 19-unča pločevinke čičerike
- 1,5 skodelice zelenjavne juhe
- ½ žlice soli
- ¼ šopka sesekljanega svežega peteršilja
- 1 sveža limona

NAVODILA:
a) V veliko ponev z oljčnim oljem dajte česen.
b) Dušimo 2 minuti, oziroma dokler zelenjava ni mehka in zadiši.
c) V ponev dodajte dimljeno papriko, kumino, origano, kajenski poper in sveže mlet črni poper.
d) Na segretem olju še minuto mešamo začimbe.
e) V ponev dodajte čebulo, narezano na kocke.
f) Kuhajte, dokler čebula ni mehka in prozorna.
g) Dodamo testenine in kuhamo še 2 minuti.
h) Odcedite čičeriko in srčke artičok, preden jih dodate v ponev z narezanimi paradižniki, zelenjavno juho in pol čajne žličke soli.
i) V ponev dodajte peteršilj, nekaj pa ga prihranite za potres po končani jedi.
j) Vse sestavine premešajte v ponvi, dokler niso enakomerne.
k) Zavremo, nato pa vremo 20 minut.
l) Odstranite pokrov, prepihajte z vilicami in okrasite s preostalim sesekljanim peteršiljem.
m) Limono narežite na rezine in po vsaki porciji iztisnite sok.

JUHE

60. Kremna juha iz artičok

SESTAVINE:
- 2 pločevinki (po 14 unč) srčkov artičoke, odcejenih in sesekljanih
- 1 čebula, sesekljana
- 2 stroka česna, nasekljana
- 4 skodelice zelenjavne juhe
- 1 skodelica težke smetane
- Sol in poper po okusu

NAVODILA:
a) V velikem loncu prepražimo sesekljano čebulo in sesekljan česen, dokler se ne zmehčata.
b) V lonec dodamo sesekljane srčke artičok in kuhamo še 5 minut.
c) Prilijemo zelenjavno juho in mešanico zavremo. Pustimo, da se kuha približno 15-20 minut.
d) S potopnim mešalnikom ali navadnim mešalnikom pretlačite juho v pire, dokler ni gladka.
e) Vmešajte smetano in po okusu začinite s soljo in poprom.
f) Postrezite vroče, po želji okrasite z naribanim parmezanom ali sesekljanim peteršiljem.

61. Juha z limonino artičoko

SESTAVINE:
- 2 pločevinki (po 14 unč) srčkov artičoke, odcejenih in sesekljanih
- 1 čebula, sesekljana
- 2 stroka česna, nasekljana
- 4 skodelice piščančje ali zelenjavne juhe
- Lupina in sok 1 limone
- 1/2 skodelice težke smetane
- Sol in poper po okusu

NAVODILA:

a) V jušnem loncu prepražimo sesekljano čebulo in sesekljan česen, da se zmehčata.

b) V lonec dodamo sesekljane srčke artičok in kuhamo še 5 minut.

c) Prilijemo piščančjo ali zelenjavno juho in mešanico zavremo. Pustimo, da se kuha približno 15-20 minut.

d) V lonec dodajte limonino lupinico in sok ter dobro premešajte.

e) S potopnim mešalnikom ali navadnim mešalnikom pretlačite juho v pire, dokler ni gladka.

f) Vmešajte smetano in po okusu začinite s soljo in poprom.

g) Postrezite vroče, po želji okrasite z rezino limone ali svežim timijanom.

62. Pikantna juha iz artičok

SESTAVINE:
- 2 pločevinki (po 14 unč) srčkov artičoke, odcejenih in sesekljanih
- 1 čebula, sesekljana
- 2 stroka česna, nasekljana
- 4 skodelice zelenjavne juhe
- 1/2 čajne žličke kosmičev rdeče paprike (prilagodite okusu)
- 1/4 skodelice sesekljanega svežega peteršilja
- Sol in poper po okusu

NAVODILA:
a) V velikem loncu prepražimo sesekljano čebulo in sesekljan česen, dokler se ne zmehčata.
b) V lonec dodamo sesekljane srčke artičok in kuhamo še 5 minut.
c) Prilijemo zelenjavno juho in mešanico zavremo. Pustimo, da se kuha približno 15-20 minut.
d) Vmešajte kosmiče rdeče paprike in sesekljan peteršilj.
e) S potopnim mešalnikom ali navadnim mešalnikom pretlačite juho v pire, dokler ni gladka.
f) Začinimo s soljo in poprom po okusu.
g) Postrezite vroče, po želji okrašeno s kančkom oljčnega olja ali posipom z dodatnimi kosmiči rdeče paprike.

63. Zeliščna juha iz artičok

SESTAVINE:
- 2 pločevinki (po 14 unč) srčkov artičoke, odcejenih in sesekljanih
- 1 čebula, sesekljana
- 2 stroka česna, nasekljana
- 4 skodelice piščančje ali zelenjavne juhe
- 1 čajna žlička posušenega timijana
- 1 čajna žlička posušene bazilike
- 1/2 čajne žličke posušenega origana
- Sol in poper po okusu

NAVODILA:
a) V jušnem loncu prepražimo sesekljano čebulo in sesekljan česen, da se zmehčata.
b) V lonec dodamo sesekljane srčke artičok in kuhamo še 5 minut.
c) Prilijemo piščančjo ali zelenjavno juho in mešanico zavremo. Pustimo, da se kuha približno 15-20 minut.
d) Vmešajte posušen timijan, baziliko in origano.
e) S potopnim mešalnikom ali navadnim mešalnikom pretlačite juho v pire, dokler ni gladka.
f) Začinimo s soljo in poprom po okusu.
g) Postrezite vroče, po želji okrasite z vejico svežih zelišč ali potresite s posušenimi zelišči.

64. Mediteranska artičoka in paradižnikova juha

SESTAVINE:
- 2 pločevinki (po 14 unč) srčkov artičoke, odcejenih in sesekljanih
- 1 čebula, sesekljana
- 2 stroka česna, nasekljana
- 1 pločevinka (14 unč) narezanega paradižnika
- 4 skodelice zelenjavne juhe
- 1 čajna žlička posušenega origana
- 1/2 čajne žličke posušene bazilike
- Sol in poper po okusu

NAVODILA:
a) V velikem loncu prepražimo sesekljano čebulo in sesekljan česen, dokler se ne zmehčata.
b) V lonec dodamo sesekljane srčke artičok in kuhamo še 5 minut.
c) Vmešajte na kocke narezan paradižnik, zelenjavno juho, posušen origano in posušeno baziliko.
d) Mešanico zavremo in pustimo kuhati približno 15-20 minut.
e) S potopnim mešalnikom ali navadnim mešalnikom pretlačite juho v pire, dokler ni gladka.
f) Začinimo s soljo in poprom po okusu.
g) Postrezite vroče, po želji okrašeno s pokapljanjem oljčnega olja in potresem z naribanim parmezanom.

65. Artičoke in krompirjeva juha

SESTAVINE:
- 2 pločevinki (po 14 unč) srčkov artičoke, odcejenih in sesekljanih
- 2 krompirja, olupljena in narezana na kocke
- 1 čebula, sesekljana
- 2 stroka česna, nasekljana
- 4 skodelice piščančje ali zelenjavne juhe
- 1/2 skodelice težke smetane
- Sol in poper po okusu

NAVODILA:

a) V jušnem loncu prepražimo sesekljano čebulo in sesekljan česen, da se zmehčata.
b) V lonec dodamo na kocke narezan krompir in narezana srčka artičoke ter kuhamo še 5 minut.
c) Prilijemo piščančjo ali zelenjavno juho in mešanico zavremo. Pustite kuhati, dokler se krompir ne zmehča, približno 15-20 minut.
d) S potopnim mešalnikom ali navadnim mešalnikom pretlačite juho v pire, dokler ni gladka.
e) Vmešajte smetano in po okusu začinite s soljo in poprom.
f) Postrezite vroče, po želji okrasite s kančkom kisle smetane in sesekljanim drobnjakom.

66.Juha iz špinače in artičok

SESTAVINE:
- 2 pločevinki (po 14 unč) srčkov artičoke, odcejenih in sesekljanih
- 1 čebula, sesekljana
- 2 stroka česna, nasekljana
- 4 skodelice zelenjavne juhe
- 2 skodelici svežih listov špinače
- 1/2 skodelice naribanega parmezana
- Sol in poper po okusu

NAVODILA:
a) V velikem loncu prepražimo sesekljano čebulo in sesekljan česen, dokler se ne zmehčata.
b) V lonec dodamo sesekljane srčke artičok in kuhamo še 5 minut.
c) Prilijemo zelenjavno juho in mešanico zavremo. Pustimo, da se kuha približno 15-20 minut.
d) Sveže špinačne liste in nariban parmezan mešamo toliko časa, da špinača oveni in se sir stopi.
e) S potopnim mešalnikom ali navadnim mešalnikom pretlačite juho v pire, dokler ni gladka.
f) Začinimo s soljo in poprom po okusu.
g) Postrezite vroče, po želji okrašeno z naribanim parmezanom.

67.Juha iz pečene rdeče paprike in artičok

SESTAVINE:
- 2 pločevinki (po 14 unč) srčkov artičoke, odcejenih in sesekljanih
- 2 pečeni rdeči papriki, sesekljani
- 1 čebula, sesekljana
- 2 stroka česna, nasekljana
- 4 skodelice zelenjavne juhe
- 1/2 skodelice težke smetane
- Sol in poper po okusu

NAVODILA:
a) V jušnem loncu prepražimo sesekljano čebulo in sesekljan česen, da se zmehčata.
b) V lonec dodamo narezana srčka artičok in pečeno rdečo papriko ter kuhamo še 5 minut.
c) Prilijemo zelenjavno juho in mešanico zavremo. Pustimo, da se kuha približno 15-20 minut.
d) S potopnim mešalnikom ali navadnim mešalnikom pretlačite juho v pire, dokler ni gladka.
e) Vmešajte smetano in po okusu začinite s soljo in poprom.
f) Postrezite vroče, po želji okrasite s kančkom kisle smetane in sesekljanim svežim peteršiljem.

68.Juha s kokosovim curryjem in artičokami

SESTAVINE:
- 2 pločevinki (po 14 unč) srčkov artičoke, odcejenih in sesekljanih
- 1 čebula, sesekljana
- 2 stroka česna, nasekljana
- 1 žlica karija v prahu
- 1 pločevinka (14 unč) kokosovega mleka
- 4 skodelice zelenjavne juhe
- Sol in poper po okusu

NAVODILA:
a) V velikem loncu prepražimo sesekljano čebulo in sesekljan česen, dokler se ne zmehčata.
b) V lonec dodamo sesekljane srčke artičok in kuhamo še 5 minut.
c) Potresite curry v prahu po zelenjavi in premešajte, da se poveže.
d) Prilijemo kokosovo mleko in zelenjavno juho. Mešanico zavremo in kuhamo približno 15-20 minut.
e) S potopnim mešalnikom ali navadnim mešalnikom pretlačite juho v pire, dokler ni gladka.
f) Začinimo s soljo in poprom po okusu.
g) Postrezite vroče, po želji okrašeno s posipom sesekljanega cilantra in kančkom limetinega soka.

69.Juha iz artičok in belega fižola

SESTAVINE:
- 2 pločevinki (po 14 unč) srčkov artičoke, odcejenih in sesekljanih
- 1 čebula, sesekljana
- 2 stroka česna, nasekljana
- 2 pločevinki (po 15 unč) belega fižola, odcejen in oplaknjen
- 4 skodelice zelenjavne juhe
- 1 čajna žlička posušenega timijana
- Sol in poper po okusu

NAVODILA:
a) V jušnem loncu prepražimo sesekljano čebulo in sesekljan česen, da se zmehčata.
b) V lonec dodamo sesekljane srčke artičok in kuhamo še 5 minut.
c) Vmešajte beli fižol, zelenjavno juho in posušen timijan. Mešanico zavremo in kuhamo približno 15-20 minut.
d) S potopnim mešalnikom ali navadnim mešalnikom del juhe pretlačite v gladko pasto, pri čemer pustite nekaj kosov zelenjave in fižola za teksturo.
e) Začinimo s soljo in poprom po okusu.
f) Postrezite vroče, po želji okrašeno s pokapljanjem oljčnega olja in potresem s sesekljanim peteršiljem.

70.Juha iz artičok in pora

SESTAVINE:
- 2 pločevinki (po 14 unč) srčkov artičoke, odcejenih in sesekljanih
- 2 pora, samo bele in svetlo zelene dele, nasekljajte
- 2 stroka česna, nasekljana
- 4 skodelice zelenjavne juhe
- 1 žlica olivnega olja
- 1/4 skodelice sesekljanega svežega kopra
- Sol in poper po okusu

NAVODILA:
a) V jušnem loncu na zmernem ognju segrejemo olivno olje. Dodamo sesekljan por in sesekljan česen ter pražimo, dokler se ne zmehčata.
b) V lonec dodamo sesekljane srčke artičok in kuhamo še 5 minut.
c) Prilijemo zelenjavno juho in mešanico zavremo. Pustimo, da se kuha približno 15-20 minut.
d) Primešamo nasekljan svež koper.
e) S potopnim mešalnikom ali navadnim mešalnikom pretlačite juho v pire, dokler ni gladka.
f) Začinimo s soljo in poprom po okusu.
g) Postrezite vroče, po želji okrašeno s kepico grškega jogurta in vejico svežega kopra.

71. Kremna juha iz artičok in sušenih paradižnikov

SESTAVINE:
- 2 pločevinki (po 14 unč) srčkov artičoke, odcejenih in sesekljanih
- 1 čebula, sesekljana
- 2 stroka česna, nasekljana
- 1/2 skodelice posušenih paradižnikov, narezanih
- 4 skodelice zelenjavne juhe
- 1 skodelica težke smetane
- Sol in poper po okusu

NAVODILA:
a) V velikem loncu prepražimo sesekljano čebulo in sesekljan česen, dokler se ne zmehčata.
b) V lonec dodamo narezana srčka artičok in posušene paradižnike ter kuhamo še 5 minut.
c) Prilijemo zelenjavno juho in mešanico zavremo. Pustimo, da se kuha približno 15-20 minut.
d) S potopnim mešalnikom ali navadnim mešalnikom pretlačite juho v pire, dokler ni gladka.
e) Vmešajte smetano in po okusu začinite s soljo in poprom.
f) Postrezite vroče, po želji okrašeno s posipom sesekljane bazilike in kančkom balzamične glazure.

SOLATE

72. Solata iz artičok in zrele oljčne tune

SESTAVINE:
- 2 pločevinki koščkov lahke tune, odcejene in narezane na kosmiče
- 1 skodelica sesekljanih srčkov artičok v pločevinkah
- ¼ skodelice narezanih oliv
- ¼ skodelice sesekljane čebulice
- ⅓ skodelice majoneze
- 3 stroki česna, sesekljani
- 2 žlički limoninega soka
- 1 ½ čajne žličke sesekljanega svežega origana ali ½ čajne žličke posušenega

NAVODILA:
a) V srednje veliki skledi zmešajte vse sestavine.
b) Postrežemo na posteljici iz zelene solate ali špinače z narezanimi paradižniki ali z njimi nadevamo izdolbene paradižnike ali lupine iz listnatega testa.

73.Italijanska solatna skleda za predpasti

SESTAVINE:
- 6 unč src artičoke
- 8–¾ unče pločevinke fižola garbanzo, odcejenega
- 8-¾ unče pločevinke rdečega fižola, odcejenega
- 6-½ unče pločevinke odcejene in narezane tune v vodi
- ½ sladke rdeče čebule, narezane na tanke rezine
- 3 žlice italijanskega solatnega preliva
- ½ skodelice zelene, narezane na tanke rezine
- 6 skodelic mešane zelene solate
- 2 unči sardonov, odcejenih
- 3 unče suhe salame, narezane na tanke trakove
- 2 unči sira Fontina, narezanega na kocke
- Vložena rdeča in zelena paprika za okras

NAVODILA:
a) Zmešajte artičoke in marinado s fižolom, tuno, čebulo in 2 žlicama usteklenčenega preliva.
b) Pokrijte in ohladite 1 uro ali dlje, da se okusi premešajo.
c) V veliki solatni skledi narahlo premešamo marinirano zmes z zeleno in zeleno solato.
d) Po potrebi primešamo še malo usteklenčenega preliva.
e) Po vrhu razporedite inčune, salamo in sir ter okrasite s papriko. Postrezite takoj.

74. Polnjena solata Nicoise

SESTAVINE:
- 1 glava zelene solate, narezana na majhne koščke
- 1 glava bostonske ali bibb solate
- 2 ali 3 pločevinke tune, odcejene
- 1 pločevinka srčkov artičok, odcejenih
- 1 skodelica grozdnih paradižnikov
- 6-8 očiščenih zelenih čebul
- 6-8 majhnih mladih rdečih krompirjev, kuhanih na pari, olupljenih
- 1 pločevinka filejev inčunov, namočenih v mleku, osušenih
- ¾ funta svežega stročjega fižola, blanširanega
- 4 trdo kuhana jajca, narezana na četrtine
- 2 šalotki, mleti
- 1 strok česna, zdrobljen
- 1,5 čajne žličke soli
- Sveže mlet črni poper
- 2 žlici dijonske gorčice
- ⅓ skodelice rdečega vinskega kisa
- ⅔ skodelice blagega ekstra deviškega oljčnega olja
- 3 žlice kaper, odcejene (rezervirane za okras)

NAVODILA:
a) Pripravite solato po navodilih, zagotovite hrustljav fižol in mehak krompir.
b) Solatni preliv naredite tako, da šalotko, česen, gorčico, sol in poper stepete s kisom.
c) Med stepanjem počasi dodajamo olje.
d) Kuhan ogret krompir prelijemo z 2 žlicama pripravljenega preliva.
e) Stročji fižol prelijemo s pičlo žlico preliva.
f) Sestavite solato, razporedite solato, tunino, jajca in drugo. Prelijemo s prelivom.
g) Okrasimo s kaprami. Postrezite s preostalim prelivom ob strani.

75.Solata z antipasto

SESTAVINE:
- 1 velika glava ali 2 narezana romanska srca
- 4 unče na trakove narezanega pršuta
- 4 unče salame ali feferonov, narezanih na kocke
- ½ skodelice narezanih srčkov artičoke
- ½ skodelice mešanice črnih in zelenih oliv
- ½ skodelice vložene ali pražene pekoče ali sladke paprike
- Italijanski preliv po okusu

NAVODILA:
a) Združite vse sestavine v veliki solatni skledi.
b) Prelijemo z italijanskim prelivom.

76. Rižota riževa solata z artičokami, grahom in tuno

SESTAVINE:
- 1 skodelica riža DeLallo Arborio
- 1 (5,6 unča) pločevinka uvožene italijanske tune, pakirane v oljčnem olju, rezervirajte olje
- 1 (12 unč) kozarec DeLallo mariniranih srčkov artičoke, na četrtine (tekočino prihranite)
- 6 unč zamrznjenega zelenega graha, odmrznjenega
- Lupina 1 limone
- 2 žlici sesekljane bazilike
- Sol in poper

NAVODILA:
a) Velik lonec osoljene vode zavremo, nato dodamo rižoto. Mešajte in kuhajte riž, da postane al dente, približno 12 minut.
b) Riž odcedimo v cedilu in splaknemo v hladni vodi, da odstranimo odvečni škrob. Zelo dobro odcedite in postavite na stran, da se ohladi.
c) Ko je rižota ohlajena, jo dajte v večjo posodo za mešanje. Vmešajte tuno, artičoke in grah. Ne pozabite dodati olja iz tune in marinade iz artičok, da ustvarite preliv.
d) Zmešajte limonino lupinico in svežo baziliko. Sol in poper po okusu.
e) Postrežemo hladno.

77. Testenine iz koprive s parmezanom

SESTAVINE:
- ½ funta testenin
- 2,5 unč svežih listov in vršičkov koprive
- 3 žlice oljčnega olja
- 3 stroki česna, sesekljani
- 1 čebula, narezana na kocke
- 1 čajna žlička posušenega peteršilja
- ½ čajne žličke posušenega timijana
- ½ čajne žličke posušene bazilike
- 1/3 skodelice narezanih srčkov artičoke
- ½ skodelice parmezana, naribanega
- Sol in poper po okusu
- Neobvezno: 1 skodelica cvetov vijolice ali cvetov česnove gorčice

NAVODILA:
a) Zavremo lonec vode, jo solimo in dodamo testenine. Približno 1 minuto preden so vaše testenine popolnoma kuhane, v vodo dodajte koprive.
b) V ponvi segrejte olje, dodajte česen in čebulo ter pustite, da se kuha približno 5 minut. Če se česen hitro začne barvati, zmanjšajte ogenj. Vmešajte začimbe.
c) Preden rezance in koprive odcedimo, odlijemo ¼ skodelice vode za testenine in dodamo v ponev s čebulo.
d) Nato testenine in koprive odcedimo in dodamo v ponev, skupaj s srčki artičok premešamo. Zmanjšajte ogenj in dodajte parmezan ter ponovno premešajte, dokler se sir ne stopi in prekrije rezance.
e) Rezance odstavimo z ognja in jih okrasimo z jedilnimi cvetovi.

78. Solata iz rdečih krompirjevih špargljev in artičok

SESTAVINE:
- 18 majhnih rdečih krompirjev
- 3/4 skodelice zelenjavne juhe
- 14 oz srčkov artičok, odcejenih in na četrtine narezanih
- 3 funte svežih špargljev, narezanih
- 3 žlice dijonske gorčice
- 1/4 čajne žličke kajenskega popra
- 5 žlic mletega svežega drobnjaka
- 1/4 skodelice svežega limoninega soka
- Sol in mleti črni poper po okusu

NAVODILA:
a) Krompir damo v lonec s slano vodo in pokrijemo.
b) Na močnem ognju zavrite. Nato zmanjšajte toploto na srednje nizko, pokrijte in dušite približno 20 minut, dokler se ne zmehča.
c) Odcedite in pustite, da se suši na pari 1-2 minuti. Pustite, da se ohladi, preden ga narežete na majhne kocke, nato pa ga prestavite v ločeno skledo.
d) Na močnem ognju zavrite lonec slane vode, nato dodajte šparglje. Takoj odcedite.
e) Špargljе narežite na 1-palčne kose in kuhajte, dokler se ne zmehčajo 3 minute.
f) Vmešajte artičoke in jih rahlo nalomite, preden jih date v skledo s krompirjem.
g) Zmešajte limonin sok in gorčico, nato postopoma vmešajte zelenjavno juho v gorčico in limonin sok, dokler ni gladka.
h) Začinite s soljo, poprom in kajenskim poprom. Pokapljajte po zelenjavi, nato pa jo premešajte.
i) Pred serviranjem potresemo z drobnjakom.

79. Solata s popečenimi srčki iz artičoke

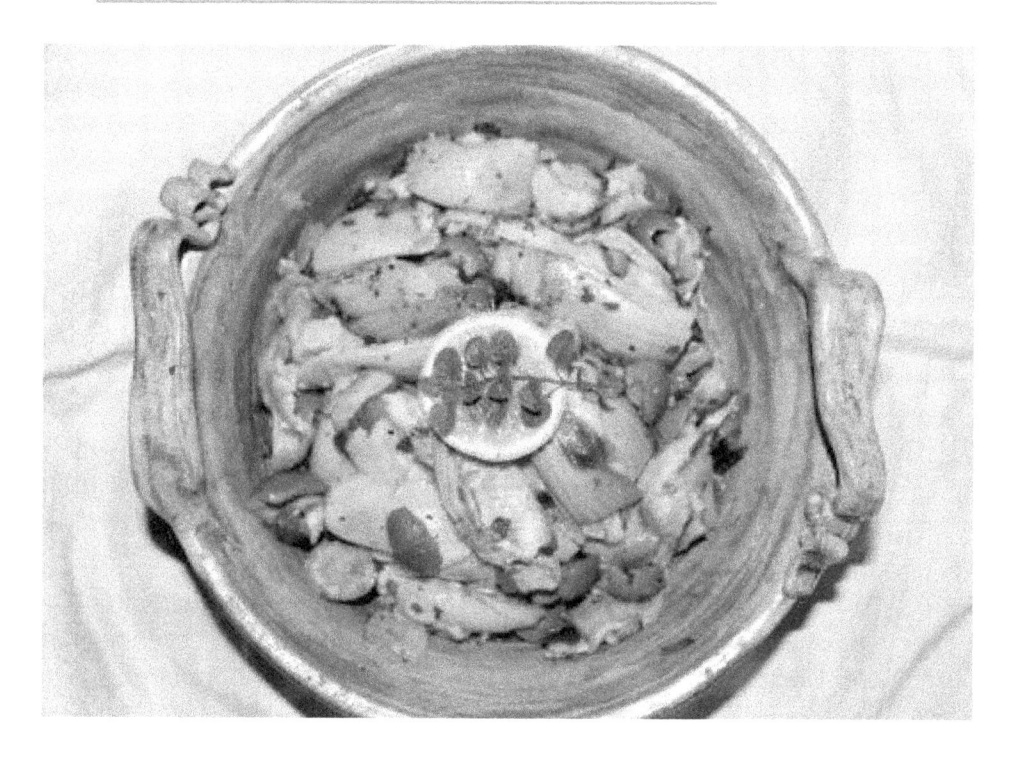

SESTAVINE:
- 2 pločevinki (po 14 oz) srčkov artičok
- 1 žlica oljčnega olja, plus več za pokapljanje
- 4 stroki česna, sesekljani
- 4 zelene čebule, sesekljane bele in zelene dele
- Sok 1/2 limone
- 1/2 skodelice razpolovljenih in razdrobljenih oliv Castelvetrano brez koščic
- 1 žlica svežega origana, sesekljanega
- 1 žlica italijanskega peteršilja, sesekljanega
- Sol in mlet črni poper po okusu

NAVODILA:
a) V veliki ponvi na srednje močnem ognju segrejte olivno olje. Dodajte odcejene srčke artičok in jih pražite približno 10 minut na vsaki strani, dokler rahlo ne zoglenejo.
b) Ogenj zmanjšajte na srednje. Dodamo sesekljan česen in polovico sesekljane zelene čebule. Kuhajte 5 minut, dokler česen ne porjavi.
c) Dodamo razpolovljene in nadrobljene olive ter ponev odstavimo z ognja.
d) Mešanico artičok prenesite v plitvo skledo ali servirni krožnik. Po vrhu iztisnite svež limonin sok in pokapljajte z več olivnega olja.
e) Solato po okusu začinimo s soljo in mletim črnim poprom. Nežno vmešajte sesekljan origano.
f) Solato potresemo s svežim peteršiljem in postrežemo.

STRANI

80.Pečeno srce palme in artičoke

SESTAVINE:
- Sprej za kuhanje
- 2 pločevinki Reese Hearts of Palm (po 14 unč)
- 2 pločevinki Reese Large Artichoke Hearts (po 14 unč)
- 2 žlici olivnega olja
- 1 strok česna, sesekljan
- 1/4 čajne žličke popra
- 1/8 čajne žličke soli
- 1 limona, narezana na šestine

NAVODILA:

a) Pečico segrejte na 425 °F (220 °C). Obrobljen pekač premažemo s pršilom za kuhanje.

b) Srčke palme in artičoke odcedite in sperite ter jih nato osušite s papirnato brisačo. Palmine srčke razrežemo na tretjine, artičokine srčke pa razpolovimo. Obrišite odvečno tekočino iz srčkov artičok.

c) V večji skledi zmešamo olivno olje in sesekljan česen. Dodajte srčke palme in srčke artičok ter nežno premešajte, da se enakomerno prekrijejo.

d) Obložene srčke palme in srčke artičok položite na pripravljen pekač v enem sloju. Potresemo s soljo in poprom.

e) Pečemo v predhodno ogreti pečici, dokler se ne segrejejo in robovi ne začnejo rahlo rjaveti, približno 25-30 minut.

f) Pečene srčke palme in artičoke pokapamo s svežim limoninim sokom. Lahko pa postrezite z rezinami limone in pustite, da vsak pokapa limonin sok po svojih željah.

g) Uživajte v okusnih pečenih srčkih palme in artičok kot okusni prilogi, ki dopolni kateri koli obrok!

81.Zdrobljene artičoke z aiolijem iz limone in kopra

SESTAVINE:
- 1/2 skodelice majoneze z oljčnim oljem
- 1 žlica drobno sesekljanega svežega kopra
- 1 1/2 čajne žličke dijonske gorčice
- 1 1/2 čajne žličke svežega limoninega soka
- 1 majhen strok česna, drobno nariban
- 2 (14 unč) pločevinki celi srčki artičoke, odcejeni in posušeni
- 2 žlici ekstra deviškega oljčnega olja, razdeljeni
- 1 žlica sesekljanih listov svežega timijana
- 1/4 čajne žličke mletega popra

NAVODILA:
a) V majhni skledi zmešajte majonezo, koper, gorčico, limonin sok in nariban česen, da pripravite aioli.
b) Pečico segrejte na 400°F (200°C). Obrobljen pekač obložite s pergamentnim papirjem. V srednjo skledo stresite odcejene in posušene srčke artičok z 1 žlico olivnega olja. Artičoke v eni plasti razporedite po pripravljenem pekaču. Pečemo do rahlo zlato rjave barve, približno 20 do 25 minut. Odstranite iz pečice in artičoke pokapljajte s preostalo 1 žlico olivnega olja in potresite s sesekljanim timijanom. Nežno premešajte na plašč.
c) Z dnom merilne skodelice ali trdnega kozarca nežno pritisnite na artičoke, dokler niso debele približno 1/2-palca, pri čemer enakomerno pritiskajte, medtem ko srčki ostanejo nedotaknjeni. Ponovno pecite do zlato rjave barve in karamelizacije, približno 25 do 30 minut.
d) Zdrobljene artičoke preložimo na krožnik ali krožnik, potresemo z mleto papriko in postrežemo poleg pripravljenih aiolijev iz limone in kopra.
e) Uživajte v teh hrustljavih zdrobljenih artičokah z nežno notranjostjo, postreženih poleg svetlega in svežega aiolija z limoninim kopra!

82.Srčki artičoke s šunko

SESTAVINE:
- 2 pločevinki (po 14 oz.) Artičokinih srčkov
- 1 žlica ekstra deviškega olivnega olja
- 2 oz. Serrano šunka, sesekljana
- 1 žlica mletega česna
- Adobo večnamenska začimba s poprom, po okusu
- 1 žlica drobno sesekljanega svežega peteršilja

NAVODILA:
a) Srčka artičok odcedimo in jih temeljito osušimo s papirnatimi brisačkami. Razpolovite jih.
b) V srednje veliki ponvi na srednje močnem ognju segrejte oljčno olje. Dodajte sesekljano šunko Serrano in kuhajte, dokler ne postane hrustljava, približno 5 minut. Hrustljavo šunko odstranite z žlico z režami in jo odstavite.
c) V ponev dodajte prepolovljene artičoke in jih pecite do zlato rjave barve z vseh strani, približno 10 minut.
d) V ponev dodajte sesekljan česen in ga med občasnim mešanjem kuhajte še približno 1 minuto, dokler ne zadiši.
e) Mešanico artičok začinite z Adobo univerzalno začimbo s poprom po okusu.
f) Mešanico artičok prenesite v cazuelo ali majhen okrogel servirni krožnik. Po vrhu potresemo hrustljavo šunko Serrano in sesekljan peteršilj.
g) Uživajte v okusnih srčkih artičoke s šunko, jedi, ki so jo navdihnili okusi Rioje in Navarre!

# 83.Srčki artičoke v belem vinu, česnu

SESTAVINE:
- 1 žlica ekstra deviškega oljčnega olja
- 3 stroki česna, sesekljani
- 1/2 skodelice suhega belega vina
- 3 žlice limoninega soka
- 6 žlic masla
- 1 ščepec soli
- 1/4 čajne žličke sveže mletega črnega popra
- 2 pločevinki (po 14 oz) srčkov artičok, odcejenih in razpolovljenih
- 1 žlica svežega peteršilja, sesekljanega
- 1/4 skodelice zelene čebule, narezane na tanke rezine

NAVODILA:
a) V srednje veliki ponvi proti prijemanju segrejte ekstra deviško oljčno olje na srednjem ognju.
b) Dodamo sesekljan česen in kuhamo približno minuto, dokler ni mehak, vendar ne porjavi.
c) Zalijemo z belim vinom in pustimo vreti 2 do 3 minute, da alkohol pokuha.
d) Vmešajte limonin sok, nato postopoma dodajte maslo med nenehnim mešanjem, dokler se ne stopi in dobro poveže.
e) Omako po okusu začinimo s soljo in poprom.
f) Previdno dodajte srca artičok v ponev in jih nežno stresite v omako, dokler niso popolnoma prekrita.
g) Ko se artičoke segrejejo, jih skupaj z omako preložite na servirni krožnik.
h) Okrasite s sesekljanim peteršiljem in na tanko narezano zeleno čebulo.
i) Takoj postrezite in uživajte v okusnih artičokinih srčkih v belem vinu, česnu in limoni!

84. Artičokini srčki pečeni s kozjim sirom

SESTAVINE:
- 1 majhna čebula, narezana na kocke
- Brizganje oljčnega olja
- 14 oz pakiranje zamrznjenih srčkov artičok
- 3 stroki česna, sesekljani
- 1 žlica svežega kopra, mletega
- 1/4 čajne žličke: sol in črni poper
- 1/2 skodelice zdrobljenega kozjega sira
- 3 žlice panko drobtin
- 1 čajna žlička olivnega olja

NAVODILA:
a) Pečico segrejte na 400°F (200°C).
b) V 8-palčni ponvi, primerni za pečico, prepražite na kocke narezano čebulo na kančku oljčnega olja, dokler ne postekleni.
c) Zamrznjena srčka artičoke odmrznite. V ponvi jih stresite s prepraženo čebulo. Zmešajte sesekljan česen, nasekljan koper, sol, poper in nadrobljen kozji sir.
d) V majhni skledi premešajte panko drobtine z 1 čajno žličko oljčnega olja. Mešanico krušnih drobtin enakomerno razporedite po artičokah v ponvi.
e) Pečemo v predhodno ogreti pečici 10 minut ali dokler se ne segrejejo.
f) Uživajte v tej gratinirani prilogi s kozjim sirom pečenih artičokinih srčkov kot čudovit dodatek k vaši zelenjavni rutini!

85. Artičoke kuhane na pari

SESTAVINE:
- 4 srednje velike artičoke (približno 12 unč vsaka)
- 1 limona, prečno prerezana na pol
- Groba sol
- Enostavna holandska omaka
- Po želji: stopljeno maslo

NAVODILA:
a) Artičokam odstranite trde zunanje liste. Z nazobčanim nožem odrežite zgornjo tretjino vsake artičoke. S kuhinjskimi škarjami odrežite preostale ostre ali koničaste konice.
b) Stebla obrežite, da lahko artičoke stojijo pokonci.
c) Preprečite razbarvanje tako, da odrezane površine artičok podrgnete z limono. Ta postopek ponovite s preostalimi artičokami in limono.
d) V velik lonec postavite košaro za kuhanje na pari in dodajte toliko vode, da sega tik pod košaro. V vodo iztisnite limonin sok in dodajte 1 žlico soli. Zavremo vodo.
e) Artičoke razporedite v košaro za soparnik, tako da jih položite s pecljem navzgor.
f) Lonec pokrijte in artičoke kuhajte na pari, dokler se srčki ne zmehčajo, ko jih prebodete z nožem za lupljenje, notranji listi pa se zlahka izvlečejo. To običajno traja približno 25 do 35 minut. Po potrebi dodajte več vode v lonec.
g) Artičoke, kuhane na pari, postrezite tople ali pri sobni temperaturi, po želji pa jih priložite z enostavno holandsko omako ali stopljenim maslom.

SLADICA

86. Srčki kandirane artičoke

SESTAVINE:
- 1 pločevinka (14 unč) srčkov artičok, odcejenih in prepolovljenih
- 1 skodelica granuliranega sladkorja
- 1 skodelica vode
- Neobvezno: limonina lupinica ali ekstrakt vanilije za aromo

NAVODILA:
a) V ponvi zmešajte granulirani sladkor in vodo. Pustite vreti na zmernem ognju in mešajte, dokler se sladkor ne raztopi.
b) Sladkornemu sirupu dodajte srčke artičok. Po želji dodajte kanček limonine lupinice ali kapljico vanilijevega ekstrakta za dodaten okus.
c) Srčka artičoke dušite v sirupu približno 20-30 minut oziroma dokler ne postanejo prosojna in mehka.
d) Odstranite kandirane srčke artičok iz sirupa in jih pustite, da se ohladijo na pekaču, obloženem s pergamentom.
e) Po ohlajanju lahko kandirana srčka artičoke uživate kot edinstveno in rahlo sladko samostojno sladico ali pa jih uporabite kot okras za druge sladice, kot so torte ali sladoled.

87. Torta iz artičok in mandljev

SESTAVINE:
- 1 pločevinka (14 unč) srčkov artičoke, odcejenih in drobno narezanih
- 1 skodelica mandljeve moke
- 1/2 skodelice granuliranega sladkorja
- 1/4 skodelice stopljenega masla
- 3 jajca
- 1 čajna žlička mandljevega ekstrakta
- 1/2 čajne žličke pecilnega praška
- Ščepec soli

NAVODILA:
a) Pečico segrejte na 350 °F (175 °C). Pekač namastimo in pomokamo.
b) V skledi za mešanje stepite jajca in granulirani sladkor, dokler ne postanejo rahli in puhasti.
c) Dodajte stopljeno maslo, mandljev izvleček in sesekljane srčke artičok v jajčno mešanico ter mešajte, dokler se dobro ne poveže.
d) V ločeni skledi zmešajte mandljevo moko, pecilni prašek in sol. To suho mešanico postopoma dodajte mokrim sestavinam in mešajte, dokler ni gladka.
e) Testo vlijemo v pripravljen pekač za torte in po vrhu zgladimo.
f) Pecite v predhodno ogreti pečici 25-30 minut oziroma dokler zobotrebec, ki ga zapičite v sredino, ne izstopi čist.
g) Pustite, da se torta ohladi, preden jo narežete in postrežete. Po želji ga po vrhu posujte s sladkorjem v prahu ali postrezite s stepeno smetano.

88. Torta iz artičok in limone

SESTAVINE:
- 1 vnaprej pripravljena skorja za pito ali domače testo za pito
- 1 pločevinka (14 unč) srčkov artičok, odcejenih in sesekljanih
- Lupina in sok 1 limone
- 1/2 skodelice granuliranega sladkorja
- 3 jajca
- 1/2 skodelice težke smetane
- Sladkor v prahu za posipanje (neobvezno)

NAVODILA:
a) Pečico segrejte na 350 °F (175 °C). Razvaljajte skorjo za pito ali testo za tart in ga vtisnite v pekač za tart.
b) V skledi za mešanje zmešajte jajca, granulirani sladkor, limonino lupinico, limonin sok in smetano, dokler se dobro ne povežejo.
c) Vmešamo sesekljane srčke artičok.
d) Nadev vlijemo v pripravljeno torto.
e) Pečemo v predhodno ogreti pečici 25-30 minut oziroma toliko časa, da se nadev strdi in skorja zlato rjavo zapeče.
f) Pustite, da se tart nekoliko ohladi, preden ga narežete. Pred serviranjem po želji potresemo s sladkorjem v prahu.

89.Kremna pita s špageti iz sladkega krompirja

SESTAVINE:
- 1 funt suhih špagetov
- 1 (24 unč) kozarec mariniranih srčkov artičok (rezervirajte 1/4 skodelice tekočine + 1 skodelica srčkov artičok)
- 1 skodelica zamrznjene špinače, odmrznjene in ožete do suhega
- 1 (8 unč) kockica kremnega sira, zmehčana
- 2 jajci, pretepeni
- 1/2 skodelice naribanega parmezana
- 2 skodelici naribanega sira mozzarella
- Okras: nariban parmezan, ohrovtov čips

NAVODILA:
a) Pečico segrejte na 350°F.
b) Pekač obložite s pergamentnim papirjem, tako da robovi visijo zunaj pekača.
c) V velikem loncu v vreli vodi kuhamo testenine 10 minut.
d) V veliki skledi zmešajte srčke artičok (plus tekočino), špinačo, kremni sir, jajca in sire.
e) Odcedite špagete in jih dodajte v skledo z mešanico sira iz artičok, premešajte, da popolnoma prekrijete testenine. Nalijte v pripravljeno posodo in na vrh položite preostalo 1 skodelico srčkov artičok.
f) Pečemo od 45 minut do 1 ure, dokler robovi niso hrustljavi in se zmes strdi. Pustite, da se malo ohladi, preden ga odstranite iz pekača. Postrežemo toplo.
g) Okrasite z naribanim parmezanom in ohrovtovimi čipsi.

ZAČIMBE

90. Pesto iz artičok

SESTAVINE:
- 1 pločevinka (14 unč) srčkov artičok, odcejenih in sesekljanih
- 1/4 skodelice opečenih pinjol ali mandljev
- 2 stroka česna
- 1/4 skodelice naribanega parmezana
- 1/4 skodelice ekstra deviškega oljčnega olja
- Sok 1 limone
- Sol in poper po okusu

NAVODILA:
a) V sekljalniku zmešajte sesekljane srčke artičok, popečene pinjole ali mandlje, česen in parmezan.
b) Pulzirajte, dokler sestavine niso drobno sesekljane.
c) Pri delujočem kuhinjskem robotu počasi kapljajte olivno olje, dokler mešanica ne doseže želene konsistence.
d) Dodajte limonin sok, sol in poper po okusu ter pulz, da se združi.
e) Pesto iz artičok postrezite kot namaz na krostinih, prelit s testeninami ali kot preliv za meso ali ribe na žaru.

91. Tapenada iz artičok

SESTAVINE:
- 1 pločevinka (14 unč) srčkov artičok, odcejenih in sesekljanih
- 1/4 skodelice izkoščičenih oliv Kalamata
- 2 žlici kaper, odcejenih
- 2 stroka česna
- 2 žlici sesekljanega svežega peteršilja
- 2 žlici ekstra deviškega oljčnega olja
- Sok 1 limone
- Sol in poper po okusu

NAVODILA:
a) V kuhinjskem robotu zmešajte sesekljane srčke artičok, olive Kalamata, kapre, česen in peteršilj.
b) Pulzirajte, dokler niso sestavine drobno sesekljane in dobro povezane.
c) Pri delujočem kuhinjskem robotu počasi kapljajte olivno olje, dokler mešanica ne doseže želene konsistence.
d) Dodajte limonin sok, sol in poper po okusu ter pulz, da se združi.
e) Artičokino tapenado postrezite kot namaz na hrustljavem kruhu, krekerjih ali kot začimbo za sendviče in zavitke.

92. Okus iz artičok in suhih paradižnikov

SESTAVINE:
- 1 pločevinka (14 unč) srčkov artičok, odcejenih in sesekljanih
- 1/4 skodelice narezanih posušenih paradižnikov (pakiranih v olju), odcejenih
- 2 žlici sesekljane sveže bazilike
- 1 žlica balzamičnega kisa
- 2 žlici ekstra deviškega oljčnega olja
- Sol in poper po okusu

NAVODILA:
a) V skledi za mešanje zmešajte sesekljane srčke artičok, sesekljane posušene paradižnike in svežo baziliko.
b) Pokapljajte z balzamičnim kisom in ekstra deviškim oljčnim oljem ter premešajte.
c) Začinite s soljo in poprom po okusu ter ponovno premešajte, da se združi.
d) Artičok in posušen paradižnik postrezite kot preliv za piščanca ali ribe na žaru, vmešajte v kuhane testenine ali kot okras za solate.

93.Kremasti aioli iz artičoke

SESTAVINE:
- 1 pločevinka (14 unč) srčkov artičok, odcejenih in sesekljanih
- 1/2 skodelice majoneze
- 2 stroka česna, nasekljana
- 1 žlica limoninega soka
- 1 žlica sesekljanega svežega peteršilja
- Sol in poper po okusu

NAVODILA:
a) V kuhinjskem robotu zmešajte sesekljane srčke artičok, majonezo, sesekljan česen, limonin sok in sesekljan peteršilj.
b) Pulzirajte, dokler zmes ni gladka in dobro združena.
c) Začinite s soljo in poprom po okusu ter ponovno premešajte.
d) Kremne artičoke aioli postrezite kot pomako za zelenjavo, namaz za sendviče in burgerje ali kot omako za meso in morske sadeže na žaru.

94. Chimichurri iz artičoke

SESTAVINE:
- 1 pločevinka (14 unč) srčkov artičok, odcejenih in sesekljanih
- 1/2 skodelice sesekljanega svežega peteršilja
- 2 žlici sesekljanega svežega cilantra
- 2 stroka česna, nasekljana
- 1/4 skodelice rdečega vinskega kisa
- 1/2 skodelice ekstra deviškega oljčnega olja
- 1 čajna žlička zdrobljenih kosmičev rdeče paprike
- Sol in poper po okusu

NAVODILA:
a) V skledi za mešanje zmešajte sesekljane srčke artičok, sesekljan peteršilj, sesekljan koriander in sesekljan česen.
b) Vmešajte rdeči vinski kis, ekstra deviško oljčno olje in zdrobljene kosmiče rdeče paprike.
c) Začinite s soljo in poprom po okusu ter mešajte, dokler se dobro ne poveže.
d) Chimichurri pustimo stati na sobni temperaturi vsaj 30 minut, da se okusi stopijo.
e) Čimičuri iz artičok postrezite kot omako za

PIJAČE

95. Voda iz artičok

SESTAVINE:
- 2 artičoki, stebla odrežite in obrežite

NAVODILA:
a) Velik lonec vode zavrite.
b) Dodajte artičoke in pustite vreti 30 minut.
c) Odstranite artičoke in jih odložite za pozneje.
d) Pustite, da se voda ohladi, preden jo popijete.

96. Artičoka Negroni

SESTAVINE:
- 1 oz. rdeči vermut
- 1 oz. liker iz artičok
- 4 kapljice sivkine grenčice
- 1 pomarančna lupina
- Ledene kocke

NAVODILA:
a) V kozarcu za mešanje ali vrču, napolnjenem z ledom, zmešajte rdeči vermut, liker iz artičoke in grenčico sivke.
b) Zmes mešajte z dolgo žlico približno 1 minuto, da se sestavine ohladijo in premešajo.
c) Mešanico precedite v kozarce za šampanjec.
d) Vsak kozarec okrasite s koščkom pomarančne lupine.
e) Postrezite in uživajte v Artichoke Negroni!

97. Artičoka Manhattan

SESTAVINE:
- 2 unči rženega viskija
- 1/2 unče likerja iz artičoke (kot je Cynar)
- 1/2 unče sladkega vermuta (kot je Carpano Antica)
- 1 cvetni list koromača
- 1 trak pomarančne lupinice

NAVODILA:
a) Kozarec za koktajl napolnite z ledom.
b) V kozarec dodajte ržeoi viski, liker iz artičoke in sladki vermut.
c) Zmes mešajte približno 30 sekund, da se ohladi.
d) Precedite koktajl v kozarec rocks, napolnjen s svežim ledom.
e) Okrasite s cvetnimi listi koromača in trakom pomarančne lupinice.
f) Uživajte v artičoki Manhattan!

98.Zeleni čaj iz artičoke in pandana

SESTAVINE:
- 3 sveže cele artičoke (ohranite cele)
- 1 šopek pandanovih listov (zamrznjeni so v redu)
- 2 vrečki zelenega čaja
- 1,5 litra vode (voda bo med vretjem izhlapela)
- Neobvezno: 2 žlici kamenega sladkorja ali navadnega sladkornega sirupa (dodajte 5 kosov kamenega sladkorja ali 5 žlic navadnega sladkorja v 1/2 skodelice vrele vode, dokler se ne raztopi)

NAVODILA:
a) Operite artičoke in jih dodajte v velik lonec skupaj z listi pandana in vodo. Vodo segrevajte, dokler ne zavre, nato zmanjšajte ogenj in kuhajte 1 uro.
b) Po 1 uri ugasnite ogenj in dodajte vrečke zelenega čaja v lonec ter pustite, da se namakajo, dokler se lonec ne ohladi.
c) Ko se čaj ohladi, ga prenesite v 1-litrski steklen kozarec.
d) Ko ste pripravljeni za serviranje, čaj prelijte v steklene skodelice nad ledom. Po želji dodajte sladkorni sirup za sladkost.
e) Uživajte v osvežujočem zelenem čaju iz artičoke in pandana!

99.Domači Cynar

SESTAVINE:
- 10 listov artičoke
- Nekaj pomarančne lupinice
- 1 liter grappe
- 1 žlica rjavega sladkorja

NAVODILA:
a) Začnite z maceracijo desetih listov artičoke in nekaj pomarančne lupine v litru grappe.
b) Mešanico pustite stati 30 do 40 dni.
c) Žganje filtriramo in pustimo zoreti še en mesec.
d) Za dodatno globino in grenkobo, ki spominja na artičoke, v liker vmešajte žlico rjavega sladkorja.

100. Zadrževanje artičoke

SESTAVINE:
- 3/4 unče jamajškega ruma (po možnosti Smith & Cross)
- 3/4 unče Cynar
- 1/2 unče bezgovega likerja St. Germain
- 3/4 unče limetinega soka
- 1/2 unče orgeata
- Okras: vejica mete

NAVODILA:
a) Dodajte vse sestavine v shaker za koktajle.
b) Dodajte majhno količino ledu in rahlo pretresite.
c) Mešanico precedite čez zdrobljen led v kozarec.
d) Na vrh dajte še zdrobljen led in okrasite z vejico mete.

ZAKLJUČEK

Ko se poslavljamo od "CELOTNA KUHARSKA KNJIGA ZA ARTIČOKE", to počnemo s srci, polnimi hvaležnosti za okusne okuse, ustvarjene spomine in razširjena kulinarična obzorja. Skozi 100 slastnih receptov, ki slavijo osat, smo raziskali raznolik in čudovit svet kulinarike z artičokami, od tradicionalnih priljubljenih do inovativnih kreacij.

A naše potovanje se tu ne konča. Ko se vračamo v naše kuhinje, oboroženi z novim znanjem in navdihom, nadaljujmo z raziskovanjem, eksperimentiranjem in ustvarjanjem z artičokami kot našim vodilom. Ne glede na to, ali kuhamo za družinska srečanja, intimne večerje ali priložnostne obroke med tednom, naj vam recepti v tej kuharski knjigi služijo kot vir navdiha in užitka.

In ko uživamo v vsakem grižljaju dobrote artičok, se spomnimo skupnega potovanja – potovanja odkrivanja, raziskovanja in hvaležnosti za preproste užitke dobre hrane. Hvala, ker ste se nam pridružili na tej okusni avanturi. Naj bodo vaši kulinarični podvigi polni okusa, ustvarjalnosti in veselja do kuhanja z artičokami. Na zdravje osat in neskončne možnosti, ki jih prinaša na naše mize.